AF601217

1908 (1re année) N° 3

REVUE D'HISTOIRE DES DOCTRINES ÉCONOMIQUES ET SOCIALES

PUBLIÉE SOUS LA DIRECTION DE

A. DESCHAMPS
Professeur à la Faculté de Droit
de l'Université de Paris

et

A. DUBOIS
Professeur à la Faculté de Droit
de l'Université de Poitiers

Secrétaire de rédaction : EDGARD DEPITRE
Chargé de conférences à la Faculté de Droit de Paris

A. DUBOIS

L'ÉVOLUTION DE LA NOTION DE DROIT NATUREL ANTÉRIEUREMENT AUX PHYSIOCRATES

PARIS
LIBRAIRIE PAUL GEUTHNER
68, RUE MAZARINE, 68
1908

Revue d'Histoire des Doctrines Économiques et Sociales.

L'histoire joue un rôle sans cesse grandissant, elle est devenue une discipline indispensable dans les sciences sociales.

L'évolution des faits et l'évolution des idées constituent le double objet de ses recherches. On ne saurait sans doute établir une séparation complète entre l'une et l'autre ; mais la nécessité d'une division du travail poussée toujours plus loin à mesure que la science progresse, oblige l'historien à consacrer à l'une d'elles ses efforts à peu près exclusifs, à se cantonner sur l'un des deux domaines, en se servant de la connaissance de l'autre comme d'une science auxiliaire. L'histoire de la pensée humaine distinguée mais non isolée absolument de l'histoire des institutions et des faits, forme ainsi l'une des grandes branches de l'histoire de l'évolution sociale.

On ne nous en voudra pas d'affirmer que, dans cette branche, l'histoire des doctrines économiques et sociales constitue la ramification la moins développée, bien moins avancée que l'histoire du droit, que l'histoire de la philosophie, que l'histoire de la littérature, que l'histoire de l'art. Elle est, en France, qui pourtant vit naître la science économique avec les Physiocrates et qui, au XVIIIme siècle, fut si féconde en économistes et en réformateurs sociaux, moins avancée qu'en Italie et en Allemagne.

Depuis quelques années cependant, bon nombre d'ouvriers se sont mis à défricher ce champ immense ; monographies et ouvrages d'un caractère plus général commencent à s'accumuler. L'histoire des doctrines économiques qui dans les Facultés de Droit françaises fait l'objet d'un Cours spécial, y a suscité un certain nombre de Thèses du Doctorat politique et économique dont quelques-unes sont tout-à-fait remarquables ; elle paraît aussi attirer de plus en plus les candidats au Doctorat ès-lettres et là aussi nous pourrions citer plusieurs travaux de haute valeur.

Mais il reste encore une énorme étendue de terres vierges à fouiller, qui réservent bien des surprises aux pionniers. Il est peu d'œuvres scientifiques aussi utiles et aussi passionnantes à entreprendre que celle-ci ; si elle se développe avec lenteur, c'est sans doute qu'elle se heurte à des obstacles qu'il serait urgent d'aplanir. Il n'existe jusqu'à présent aucun organe spécial pour stimuler, faciliter et grouper les efforts. Il est, en outre, difficile et coûteux de réunir les sources ; certaines, devenues très rares, devraient être réimprimées, les unes en entier, les autres par extraits ; d'autres, encore inédites, devraient être publiées ; ces dernières nous révèleraient chez certains penseurs, auteurs de *Mémoires*, donneurs d'*Avis*, pas-

L'ÉVOLUTION DE LA NOTION DE DROIT NATUREL ANTÉRIEUREMENT AUX PHYSIOCRATES

par A. DUBOIS,

Professeur à l'Université de Poitiers.

INTRODUCTION.

La Physiocratie a été l'aboutissement de la réaction anti-mercantiliste.

Elle constitue une synthèse de principes auparavant formulés mais non coordonnés. Pour la première fois, nous sommes en présence d'une *science économique*. Cette synthèse, le docteur Quesnay, le créateur de la nouvelle science, la réalisa en rattachant les matières économiques à des notions générales puisées dans la philosophie morale du XVIIIe siècle. Bonar remarque avec raison que si au XVIe et au XVIIe siècles, l'Economie politique s'inspira surtout de la philosophie politique, au XVIIIe elle revient, comme dans l'antiquité et au moyen-âge, à sa source première : la philosophie morale. Mais bien entendu elle conserve l'autonomie conquise dans les âges précédents et si pour les moralistes elle continue d'être une science auxiliaire à laquelle ils font appel pour la solution de certains problèmes, réciproquement la morale joue le même rôle vis-à-vis d'elle chez les Economistes.

De la physiologie, le médecin Quesnay passa à la psychologie et à la philosophie morale et de celle-ci à l'Economie politique. Connaître la nature humaine pour découvrir les moyens de procurer à l'homme le maximum possible de bonheur, tel fut le but que, comme tant d'autres penseurs de l'époque, il assigna à ses efforts. Il lui fallait donc rechercher les lois de la vie physique dont dépend la santé du corps, les lois de la vie intellectuelle et morale dont dépendent les nobles plaisirs de l'esprit et du cœur. « Avant que de considérer le droit

« naturel des hommes, il faut, dit-il, considérer l'homme lui-« même dans ses différents états de capacité corporelle et « intellectuelle et dans ses différents états relatifs aux autres « hommes. Si l'on n'entre pas dans cet examen avant que d'en-« treprendre de développer le droit naturel de chaque homme « il est impossible d'apercevoir même ce que c'est que ce « droit » (1). Mais la nature physique et la nature intellectuelle et morale de l'individu n'atteignent leur plein épanouissement que dans l'état de société : à quelles conditions ? suivant quelles lois ? Voilà ce qu'il s'agissait d'établir. L'ordre chronologique de ses travaux nous montre quelle fut la marche de sa pensée. De 1730 à 1747 il ne fit paraître que des ouvrages exclusivement consacrés à des questions médicales, physiologiques et chirurgicales ; en 1747, dans la seconde édition de son *Essai physique sur l'économie animale*, la psychologie et la métaphysique, absentes de la première édition, occupent une très large place. Puis il publie dans l'*Encyclopédie*, en 1756, l'article *Evidence* qui résume sa théorie de la connaissance, en 1756 et 1757 les articles *Fermiers* et *Grains* qui contiennent l'esquisse de son futur système économique. Celui-ci se développe ensuite et se précise dans une série d'ouvrages publiés en 1758, 1765, 1766, 1767 et 1768 (2).

La notion primordiale de la Physiocratie est celle du *Droit naturel* que les adeptes de ce système confondent presque toujours avec celle d'*Ordre naturel*.

HISTOIRE SOMMAIRE DU DROIT NATUREL AVANT LES PHYSIOCRATES (3).

I. **Idée de l'existence d'un Droit naturel.** — L'idée de l'existence d'un Droit naturel était fort ancienne. Dès l'antiquité

---

(1) Quesnay, *Le Droit naturel*, Ch. I, édit. Oncken, p. 360-361.

(2) V. *Œuvres économiques et philosophiques de Quesnay*, édit. A. Oncken, 1888, p. 809 et s.

(3) V. Hübner, *Essai sur l'histoire du droit naturel*, 2 vol., Londres 1757-1758 ; Ompteda, *Litteratur des gesammten sowohl naturlichen als positiven Volksrechts*, 2 vol. 1785-1817 ; Voigt, *Die lehre vom Jus naturale... der Römer*, 1856 ; Burle, *Essai historique sur le développement de la notion de droit naturel dans l'antiquité grecque*, 1908 ; Gierke, *Johannes Althusius und die Entwickelung der naturrechtlichen Staatstheorien*, 1880 ; Janet, *Histoire de la science politique*,

elle avait été affirmée par Socrate (1) et par Aristote (2) ; niée par l'école académicienne issue de Platon et notamment par Carnéade qui la traitait de chimère (3), elle avait été au contraire hautement défendue par l'école stoïcienne ; c'est à celle-ci que Cicéron emprunta le thème qu'il développa dans un passage resté longtemps classique et que nous citons plus bas.

La notion de droit naturel pénétra également dans les doctrines juridiques romaines. Elle y dévia cependant ; les jurisconsultes la confondent souvent soit avec le *droit des gens*, ensemble d'institutions communes à toutes les nations (4), soit avec certaines fonctions physiques communes à l'homme et aux animaux telles que l'union des sexes et la reproduction de l'espèce (5). Mais, dans certains cas aussi, ils entendent le droit naturel comme on le conçoit d'ordinaire, c'est-à-dire qu'ils le présentent comme un idéal juridique auquel l'on compare les institutions existantes pour les apprécier (6).

3e édit. 1887, 2 vol. *passim* ; Bonar, *Philosophy and political Economy in some of their relations*, 1893, Ch. II p. 70 et s., 76-77 ; — Ch. III p. 78 et s., 86 ; — Ch. V p. 90 et s. ; Ch. VI p. 105 et s. ; Biermann, *Staat und Wirtschaft*. T. IV, *Die anschauungen des ökonomischen Individualismus*, 1905 ; Hasbach, *Les fondements philosophiques de l'école de Quesnay et de Smith*, dans la *Revue d'Econ. polit.* 1893 p. 747 et s. ; Raynaud, *Les discussions sur l'Ordre naturel au XVIIIe siècle. De l'école du droit naturel aux Physiocrates par Cumberland*, dans la même revue, 1905 p. 231 et s. ; 354 et s. ; Walker, *A history of the law of nations*, 1899, T. I, p. 46-47, 70, 152-156, 286 ; Korkounov, *Cours de théorie générale du droit*, Trad. fr. Tchernoff, 1903, p. 136 et s. ; dans *Les Fondateurs du droit international, leurs œuvres, leurs doctrines*, 1904 : Basdevant, *Grotius*, p. 183, 222, 232-239, 240-241 ; Avril, *Puffendorf*, p. 342 et s.; Olive, *Wolf*, p. 449 et s.; Mallarmé, *Vattel*, p. 493 et s. — Schatz, *L'individualisme économique et social*, 1907, ch. II, p. 40 et s.

(1) Xénophon, *Mémorables*, IV, 4 ; édit. Didot (*Œuvres*) p. 601.

(2) Aristote, *Morale à Nicomaque*, L. V, C. 7. (Edit. Didot, *Œuvres*, t. II, p. 60-61. — Traduct. Barthélemy Saint-Hilaire *La Morale d'Aristote*, T. II, p. 164-165).

(3) Cicéron, *De republica*, III, XV et s., (Collect. Nisard, *Œuvres* de Cicéron, t. IV, p. 327 et s.).

(4) Cette conception vient de ce que l'universalité d'une institution fut souvent considérée comme étant l'indice que celle-ci appartient au droit naturel. Cicéron avait déjà dit (à propos de l'existence des Dieux) : « Omni autem in re consensio omnium gentium Lex naturae putanda est ». (*Tusculanes*, L. I, XIII, Collect. Nisard, *Œuvres* de Cicéron, t. III, p. 629). Et encore : « Neque vero hoc solum natura et jure gentium, constitum est ... » (*De officiis* L. III, c. V (Coll. Nisard, *Œuvres* de Cicéron, T. IV, p. 491)... V. Gaius, *Instit.*, I, 180 ; II 65 et s., III, 93 ; — Digeste, Fr. 31, pr. XVI, III (Tryphoninus).

(5) Digeste, Fr. 1, § 3, I, I, (Ulpien).

(6) V. Digeste, Fr. 11, I, I (Paul) ; Fr. 64, XII, VI (Tryphoninus) ; Fr. 1, § 27, XLIII, XVI (Ulpien) ; Fr. 32, L. XVII (Ulpien).

L'affirmation de l'existence d'un droit naturel persista dans la philosophie chrétienne. « Les nations qui n'ont point de loi « écrite, dit Saint Paul, font naturellement ce qui est conforme « à la loi ; n'ayant pas de loi, ils sont à eux-mêmes la loi, les « prescriptions de la loi sont écrites dans leur cœur et leur sont « révélées par la consience (1) ». Les Pères de l'Eglise, Tertullien, Saint Ambroise, Saint Augustin, Origène, Saint Jérôme, Saint Jean Chrysostôme enseignèrent que Dieu, avant de donner à Moïse une loi gravée sur des tables de pierre, imprima au cœur de l'homme, dès sa création, une loi naturelle à laquelle il lui enjoignit d'obéir. Cette loi première, ajoutaient-ils, n'a été abrogée ni par la loi de Moïse ni par le Nouveau Testament ; les lois divines positives n'ont fait que la confirmer, la compléter, ou restaurer celles de ses dispositions qui s'étaient oblitérées dans le cœur de l'homme déchu (2).

Cette doctrine venue de Saint Paul, revêtue de l'autorité des Pères et dont, en outre, on pouvait retrouver le principe premier dans les écrits des philosophes anciens, notamment d'Aristote, devait naturellement s'imposer aux théologiens du moyen-âge. Saint Thomas, par exemple, distingue quatre espèces de lois : 1° la loi éternelle, *summa ratio* qui réside en Dieu de toute éternité ; 2° la loi naturelle qui est comme un pâle reflet de la précédente éclairant l'intelligence de l'homme ; 3° la loi humaine

---

(1) Saint Paul, *Ad Romanos*, II, XIV et XV ; (Collect. Didot, *Novum Testamentum*, p. 249).

(2) V. Tertullien, *Adversus Judaeos*, Ch. II, (Patrologie latine de Migne, I, col. 600) ; — Saint Ambroise. *De fuga sæculi*, XV, (*Œuvres* édit. des Bénédictins de Saint-Maur, 1686, t. I, col. 423) ; *In Psalmum XXXVI*, 69, (même édit. t. I, col. 810) ; — Saint Augustin, *De libero arbitrio*, L. I, XIV-XV, (*Œuvres*, édit. des Bénédictins de Saint Maur, t. I, 1679, col. 575 et s.) ; *Ad Hilarium*, Epistola CLVII, 15, (même édit. t. II, 1679, col. 548-549) ; *In Psalmum* LVII, (même édit., t. IV, 1681, col. 540 E et s.) ; *In Psalmum CXVIII*, *Sermo XXVI*, même edit. t. IV, col. 1344 A) ; *Sermo LXXXI*, *De Verbis Evang. Matth. 18*, (même édit., t. V, 1683, col. 434 F) ; *De peccatorum meritis et remissione*, L. I, 12, (même édit., t. X, 1690, col. 8 C) ; Origène, *Adversus Celsum*, L. V, 37, (Patrologie grecque de Migne XI (Origène, I) col. 1237-1238) ; Saint Jérôme, *In Isaiam*, L. VIII, (*Œuvres*, édit. du P. Jean Martianay, 1704, c. III, col. 208) ; Saint Jean Chrysostome, *Ad populum Antiochenum*, *Homilia* XII, 3, 4 et 5, (*Œuvres*, édit. du P. Bernard de Montfaucon, bénédictin de la Congrégation de St Maur, t. II, 1718, p. 127 et s.) ; *In Psalmum CXLVII*, (même édit. t. V, 1724, p. 486 D et E) ; *In Epistolam ad Romanos*, *Homilia* XII, (même édit. t. IX, 1731, p. 551 B).

positive ; 4° la loi divine positive (1). D'ailleurs, sous l'influence évidente des jurisconsultes romains, il nous parle aussi d'un droit naturel qui, « dans son sens le plus général, est commun « aux hommes et aux animaux (2) ».

Théologiens des époques subséquentes, canonistes, juristes du droit laïque, publicistes de Bodin à Montesquieu, philosophes aux systèmes les plus divers tels que Hobbes, Spinoza, Leibniz, Locke, accueillirent l'idée de droit naturel qui ne fut rejetée que par un petit nombre de sceptiques tels que Montaigne (3).

Mais, en outre, après la Reforme et la Renaissance, et surtout à partir du XVIIe siècle, il se constitua une *école du droit naturel*. On peut dire qu'elle eut pour créateur Grotius (4), bien que celui-ci ait eu des devanciers. Elle fut particulièrement florissante chez les nations protestantes ; ses principaux représentants furent, outre Grotius : Selden (5), Puffendorf (6), Cumberland (7), Heineccius (8), Wolff (9), Burlamaqui (10), Vattel (11). Elle eut pour proche parente, au XVIIIe siècle,

---

(1) Saint Thomas, *Summa*, Ia IIæ, q. 91. (Edit. Cologne 1639, I, p. 267 et s.)

(2) Id. *op. cit.*, IIa IIæ, q 57. (Edit. Cologne 1639, III, p. 179 et s.).

(3) Montaigne, *Essais*, L. II, Ch. XII. (Edit. La Haye, 1727, t. II, p. 542 543).

(4) Grotius, *De jure belli ac pacis*, 1625.

(5) Selden, *De jure naturali et gentium*, 1636-40.

(6) Puffendorf, *De jure naturæ et gentium*, 1672 ; *De officio hominis et civis*, 1673.

(7) Cumberland, *De legibus naturæ disquisitio philosophica, in qua earum forma, summa capita, Ordo, promulgatio e rerum natura investigantur ; quin etiam Elementa philosophiæ Hobbianæ, cum moralis, tum civilis, considerantur et refutantur*, 1672.

(8) Heineccius, *Elementa juris naturæ et gentium*, 1738.

(9) Wolff, *Jus naturæ methodo scientifica pertractatum* 1740 ; *Institutiones juris naturæ et gentium* 1745 ; *Jus gentium methodo scientifica pertractatum*, 1750.

(10) Burlamaqui, *Principes du droit naturel*, 1747. *Principes du droit politique*, 1751. *Principes du droit naturel et politique*, 1763.

(11) Vattel, *Le droit des gens ou principes de la loi naturelle appliquée à la conduite des nations*, 1756. — Outre les auteurs qui précèdent on peut citer encore : Hooker, *Ecclesiastical Polity* 1593 ; Guillaume Grotius (frère de l'illustre Hugo Grotius), *De principiis juris naturalis Enchiridion*, 1667 ; Christian Thomasius, *Institutiones jurisprudentiæ divinæ in quibus hypothèses illustris Puffendorfii circa doctrinam juris naturalis apodictice demonstrantur et corroborantur*, 1688 ; *Fundamenta juris naturalis ex sensu communi deducta*, 1705 ; Bodin (Henri), *Dissertatio de jure mundi*, 1690 ; Ricardus Andala, *Syntagma theologico-physico-metaphysicum complectens compendium theologiæ naturalis*

en Ecosse l'école de la *Philosophie morale*, représentée par Shaftesbury (1), Hutcheson (2), Hume (3), etc.

Son corps de doctrines acquit une étendue et une autorité telles qu'elle put proclamer son indépendance et revendiquer un domaine distinct en face de la théologie morale. Spinoza déclare qu'aucune des deux ne doit « être la servante » de l'autre (4) et Puffendorf établit un parallèle entre l'une et l'autre de la manière suivante. La théologie, dit-il, formule ses préceptes en invoquant l'autorité de l'Ecriture sainte ; le droit naturel ne parle pas d'aussi haut ; il « prescrit telle ou telle chose parce que la droite raison nous la fait juger nécessaire pour l'entretien de la société humaine en général ». En outre, la théologie, ayant à sa disposition non seulement le secours de la raison mais encore les lumières de la révélation, peut nous faire entrevoir quelque chose du domaine qui s'étend au-delà de l'horizon borné de l'intelligence humaine ; au contraire, l'enseignement du droit naturel a pour limites celles de la raison même. En troisième lieu, la théologie se préoccupe surtout du bonheur de l'homme dans la vie future ; pour elle l'homme n'est qu'un passager ici bas et la félicité terrestre n'a qu'une importance médiocre. Au contraire, « l'usage du droit naturel considéré en lui-même est renfermé dans les bornes de cette vie... ».

---

etc. 1711 ; Berkeley, *Passive obedience on the Law of Nature*, 1712 ; *Alciphron*, 1732 ; Bachov d'Echt. *Dissertationes de eo quod justum est circa commercia inter gentes*, 1730 ; Mascov, *De fœderibus commerciorum*, 1735 ; Samuel de Coccei, *Grotius illustratus*, 1744 ; *Elementa jurisprudentiæ naturalis et romanæ*, 1740 ; *Dissertationes prœmiales in Hug. Grotii libros de Jure belli ac pacis*, 1744 ; Velthuysen, *De principiis justi et decori*. (Dans *Lamb. Velthusii opera omnia*, Roterodami, 1680, IIa Pars).

(1) Shaftesbury, *Characteristicks of Men, Manners, Opinions, Times*, (1710), recueil de divers traités, dont le plus important à notre point de vue est *An Inquiry concerning virtue and merit*, paru pour la première fois en 1699.

(2) Hutcheson, *An Inquiry into the Origin of our Ideas of Beauty and Virtue*, 1725, 2e edit. 1726. *Essay on the Nature and Conduct of the Passions*, 1728. *De naturali hominum socialitate*, 1730. *Philosophiæ moralis Institutio compendiaria*, 1742 *System of Moral philosophy*, 1755.

(3) Parmi les ouvrages de Hume celui qu'il convient de citer ici est surtout *An Inquiry concerning the human understanding* (1748) avec les Appendices qui le suivent (V. t. IV de l'édit. des *Œuvres philosophiques*, 1854). Le *Treatise of human nature*, (1739 même edit. t. I et II) n'exprime pas la pensée définitive de l'auteur.

(4) Spinoza, *Tractatus theologico-politicus*, 1670, Ch. XV, p. 166 et s.

Enfin, le droit naturel régit principalement les actes extérieurs de l'homme, sans guère s'immiscer dans le for intérieur ; au lieu que la théologie travaille à régler même et surtout « le « cœur, à faire en sorte que tous ses mouvements soient « exactement conformes à la volonté de Dieu (1) ». Leibniz qui considérait Puffendorf comme « peu jurisconsulte et pas du tout philosophe » critiqua vivement certains points de cette comparaison, mais sans nier l'autonomie de la science du Droit naturel (2). Avec la constitution de celle-ci, une morale sociale indépendante de toute théologie devenait donc possible ; avec Grotius la morale sociale s'était émancipée et laïcisée de même qu'avec Bacon et Descartes la morale individuelle.

II. **Supériorité du droit naturel sur la législation humaine. Son universalité, son immuabilité. Son objet individualiste.** — Quesnay et ses disciples, en rattachant les règles de conduite des sociétés à la notion de droit naturel continuaient donc une tradition bien établie. Depuis Socrate, il y avait unanimité d'opinion sur les points suivants (3) : 1° la loi naturelle étant d'origine divine est supérieure à la loi humaine ; en cas de conflit entre l'une et l'autre, l'homme de bien doit obéir à la première malgré toutes les pénalités auxquelles l'expose la violation de la seconde ; 2° la loi naturelle est universelle, la même pour tous les hommes de tous les pays ; 3° elle est immuable, la même dans tous les temps. Cicéron avait mis en relief ces caractères du droit naturel dans un passage fréquemment cité et reproduit notamment, avec beaucoup d'éloges, par l'organe officiel des Physiocrates, les *Ephémérides* (4). « La « vraie loi, dit-il, c'est la Raison droite, conforme à la nature, « commune à tous les hommes, immuable, éternelle, qui par « ses ordres nous incite à l'exécution de nos devoirs et par ses « prohibitions nous détourne de les violer. Et ce n'est pas en « vain que par ses ordres et ses prohibitions elle contraint les

(1) Puffendorf, *Les devoirs de l'homme et du citoyen*, Préface ; traduct. Barbeyrac. édit. Paris, 1822, t. I, p. xx et s.

(2) Leibniz, *Monita quædam ad S. Puffendorfii principia. (Leibnitii Opera*, édit. Dutens, 1768, t. IV, *Pars* III, p. 275 et s.).

(3) V. les références citées *supra* p. 3, notes 1, 2 et 3 ; p. 4, notes 1 et 2 ; p. 5, note 1 ; *Adde* les notions générales développées en tête de presque tous les ouvrages de droit naturel.

(4) *Ephémérides du Citoyen*, année 1767, t. I, p. 140-142.

« honnêtes gens et ébranle les méchants. Cette loi, il n'est pas « possible de la modifier, ni d'y apporter des dérogations, ni « de l'abroger entièrement. Ni le Sénat ni le Peuple ne peuvent « nous dispenser de ses prescriptions. Elle n'a besoin ni de « commentateur ni d'interprète. Elle n'est pas différente à « Rome et à Athènes ; elle ne sera pas demain différente de ce « qu'elle est aujourd'hui. Loi une, éternelle, immuable, elle « embrasse toutes les nations et tous les temps. C'est Dieu, qui « est en quelque sorte le seul Maître et Souverain de tous les « hommes, qui l'a inventée, discutée et édictée ; l'homme qui « ne lui obéit pas se dépouille de sa propre essence, il méprise « sa propre nature.... (1) » Ajoutons enfin que, dans l'école moderne du droit naturel, celui-ci fut toujours considéré comme ayant un *objet* individualiste : le bonheur de l'individu ; la société fut envisagée comme un moyen, non comme une fin.

Par contre, le créateur de la Physiocratie se trouvait en présence de toutes sortes de dissidences et d'incertitudes sur nombre de questions cependant essentielles. D'où dérive le caractère obligatoire du droit naturel ? Quelles sanctions comporte-t-il ? Comment l'homme en prend-il connaissance ? A-t-il sa source dans l'état de nature ou dans l'état de société ? Nous prescrit-il l'égoïsme ou l'altruisme comme règle primordiale ?

III. **Fondement du caractère obligatoire du Droit naturel.** — Suivant Selden (2) et Hobbes (3), le droit naturel est obligatoire : 1° parce que la raison qui nous le révèle est le moyen dont Dieu se sert pour nous faire connaître sa volonté ; 2° parce que ses préceptes se trouvent consignés dans des textes sacrés qui sont pour Hobbes les Livres Saints et pour Selden les écrits d'une école de rabbins dénommés les Noachides dépositaire, suivant une tradition juive, de la loi naturelle confiée par Dieu à Noé et à ses descendants.

Ces deux auteurs appartenant au XVIIe siècle exceptés, tous

---

(1) Cicéron, *De republica*, L. III, XXII, (Collect. Nisard, Œuvres de Cicéron, T. IV, p. 329).

(2) Selden, *De jure naturali et gentium*, (1636-1640) L. I. Ch. VIII. (Edit. Argentorati, 1665, p. 93 et s.).

(3) Hobbes, *De Cive*, (1642), *Libertas*, ch. III, (Edit. *Opera*, 1668, p. 27) et ch. IV, § 1 (même edit. p. 28) ; — *Leviathan* (1654), ch. XV, edit. Waller, 1904, p. 109-110.

depuis l'antiquité regardèrent le droit naturel comme un droit non écrit. Pour les Stoïciens le Droit naturel est un mode de la raison universelle, il est obligatoire parce que la raison est Dieu (1). Dans la philosophie chrétienne et dans la philosophie indépendante, la raison n'est que l'œuvre de Dieu ; il n'en résulte pas moins que la loi naturelle, enseignée par la raison, s'impose à nous parce qu'elle a Dieu pour auteur (2). L'athéisme étant rejeté, comme une *entité* vide de sens, une hypothèse inconcevable, par tous les auteurs de Droit naturel, la question de savoir si, à supposer que Dieu n'existât point, le droit naturel n'en serait pas moins obligatoire était singulièrement oiseuse. Elle fut cependant posée et discutée. Hobbes (3) et Puffendorf (4) dénient à la raison le pouvoir d'édicter des lois de son propre chef. Grotius (5), Leibniz (6), Vattel (7) soutiennent, au contraire que le Droit naturel conserve son caractère impératif même abstraction faite de la Divinité ; mais, dans cette doctrine, d'où dérive l'autorité de l'idée morale ? Avant Kant, croyons-nous, il ne fut point donné de véritable réponse à cette question.

IV. **Sanctions du Droit naturel.** — Si le droit naturel est obligatoire, quelles sanctions comporte-t-il ? Ayant pour objet d'assurer le bonheur de l'*individu* qui le respecte, il doit avoir naturellement pour sanction le malheur de l'*individu* qui viole ses prescriptions. En quoi consiste cette peine *individuelle ?* Dans l'antiquité Socrate et Cicéron font allusion aux remords de la conscience. « Ceux qui violent les lois établies par les « Dieux, dit Socrate (8), subissent un châtiment auquel il est

(1) V. notamment Cicéron, *De republica*, L. III, xxii (*supra cit.* p. 8 note 1) et *De Legibus* I, c. VII (Collect. Nisard, *Œuvres* de Cicéron, t. IV, p. 367).

(2) V. supra p. 4 note 2 et p. 5 notes 1 et 2, *Adde* les généralités exposées au début de tous les ouvrages de droit naturel.

(3) Hobbes, *Leviathan*, Ch. XV, edit. Waller, 1904, p. 109-110.

(4) Puffendorf, *Droit de la nature et des gens*, L. II. Ch. III § 19 et s. (Trad. Barbeyrac, 1740, t. I, p. 246 et s.)

(5) Grotius, *De jure belli ac pacis, Prolegomena*, § 11 et 12 (Edit. Amstelædami 1712 p. 9-10).

(6) Leibniz, *Monita quædam ad S. Puffendorfii principia.* (*Leibnitii Opera* edit. Dutens, 1768, t. IV, Pars III, p. 279-280).

(7) Vattel, *Le Droit des gens ou Principes de la loi naturelle*, édit. Pradier-Fodéré, 1863, t. I. p. 19.

(8) Xénophon, *Mémorables*, IV, 4, (Collect. Didot, Xénophon, p. 601).

« impossible à l'homme de se soustraire tandis que ceux qui « foulent aux pieds les lois humaines échappent quelquefois à « la peine soit en se cachant, soit en employant la violence ». — « L'homme qui n'obéit pas à la Loi naturelle, déclare de « même Cicéron (1), souffrira les plus grandes peines de toutes, « réussît-il à échapper à ce que l'on regarde comme des sup- « plices ». A ce châtiment moral terrestre la doctrine chrétienne et nombre de philosophes indépendants ajoutent les peines éternelles de l'autre monde et aussi, dans une certaine mesure, dès ici-bas, certaines peines physiques telles que la ruine de la santé, le raccourcissement de la vie, les représailles exercées par ceux auxquels on a nui (2). Quelques-uns aussi montrent que le coupable se punit *lui-même* par les maux qu'il cause à la *société ;* suivant Hobbes (3) et Spinoza (4) c'est sa sécurité, suivant Locke (5) et Puffendorf (6) sa liberté et sa propriété que sa faute met en danger en troublant la société gardienne de la sécurité, de la liberté et de la propriété individuelles. Cumberland revient à maintes reprises sur cette idée que l'individu étant partie du tout participe aux souffrances du tout. « Le « soin d'avancer autant qu'il est en notre pouvoir le bien com- « mun de tout le système des agens raisonnables, dit-il notam- « ment, sert à procurer autant qu'il dépend de nous le bien de « chacune de ses parties dans lequel est renfermée notre propre « félicité puisque chacun de nous est une de ces parties. D'où « il suit que les actions contraires à cet objet produisent des « effets opposés et, par conséquent, entraînent notre misère

(1) Cicéron, *De republica, loc. cit.* (V. p. 8 note 1).

(2) V. Grotius, *De jure belli ac pacis. Proleg.* § XX. (Edit. Amstelædami,1712, p. XIII); Puffendorf, *Droit de la nat. et des gens*, L. II, ch. III, § 21. (Trad. Barbeyrac 1740, t. I, p. 254 et s.) ; Cumberland, *Traité philosophique sur les lois naturelles*, Ch. V. (Traduct. Barbeyrac, 1757, p. 206 et s.) ; Burlamaqui, *Principes du dr. de la nat. et des gens*, IIe Partie, Ch. XI. (Ed. de Felice, revue par Dupin, 1820, t. II, p. 41 et s.)

(3) Hobbes, *De Cive, Libertas*, Ch. II § 1 (*Opera*, edit. 1668 p. 10 et s.) ; *Leviathan*, Ch. XIV, édit. Waller 1904, p. 86 et 1.

(4) Spinoza, *Tractatus theologico-politicus*, 1670, Ch. XVI, p. 175 et s.

(5) Locke, *Of civil Government*, (1688) L. II. Ch. IX. (*Works*, 2d edit, 1722, p. 193 et s.)

(6) Puffendorf, *Dr. de la nat. et des gens*, L. II. Ch. II (Trad. Barbeyrac, 1740, t. I, p. 181 et s.) ; *Devoirs de l'h. et du cit.* L. II. Ch. I. (Traduct. Barbeyrac, édit. 1822, t. II, p. 1 et s.).

« aussi bien que celle des autres (1) ». Sur ce point, Cumberland fut loué par les Physiocrates comme « un des plus dignes pré-« curseurs de la science ». L'école de Quesnay devait, en effet, insister elle aussi sur ce caractère *social* de la sanction qui cependant conserve un *objet individuel*, mais en adoptant, à l'encontre du philosophe anglais, une règle individualiste comme principe primordial de la morale sociale.

V. **De la connaissance du Droit naturel.** — Comment l'homme acquiert-il la connaissance du droit naturel ? Mettons immédiatement à part la théorie de Selden. Cet auteur rejette comme insuffisante l'autorité de la raison humaine incertaine et chancelante (3) ; suivant lui, nous ne pouvons avoir une connaissance sûre des règles du droit naturel que par les écrits des Noachides (4).

Selden n'eut pas, que nous sachions, de disciples (5). Les théories sur la connaissance du droit naturel peuvent se ramener à trois. Suivant les uns, le droit naturel nous est révélé par la raison ; suivant d'autres les idées morales nous sont suggérées par le sentiment, par une inspiration intérieure, mode de la sensibilité qui est à la fois une source de connaissance et un principe d'action ; des éclectiques enfin, accordent une place à la fois à la raison et au sentiment.

A) *Théorie de la raison.* C'est peu de dire que le droit naturel nous est connu par la raison : les théories de la raison ont été diverses dès l'origine. Elles peuvent se diviser en deux groupes : la doctrine des idées *a priori* et celle de l'empirisme. « L'esprit « est-il une sorte de table rase, de feuille blanche sur laquelle « les phénomènes s'inscrivent du dehors ? n'est-il pas plutôt « une activité primitive, une nature donnée, qui s'exerce selon « ses propres lois ? La connaissance humaine n'est-elle qu'un

(1) Cumberland, *Traité philos. des lois nat.* Ch. I, Trad. Barbeyrac, 1757 p. 42.

(2) *Ephémérides du citoyen*, 1767, II, p. 181-182.

(3) Selden, *De jure naturali et gentium.* L. I. Ch. VII (Edit. Argentorati, 1665, p. 85 et s.).

(4) *Id. op. cit.* L. I, Ch. VIII. (Même édit., p. 93 et s.).

(5) Hobbes affirme sans doute que les lois naturelles ne sont de véritables lois ayant force obligatoire que parce qu'elles se trouvent formulées dans les Livres saints (V. *supra*, p. 8, note 3) ; mais il reconnaît à la raison la puissance de les découvrir en elle-même par ses seuls moyens (*De Cive, Libertas*, Ch. II, § 1 ; *Opera*, edit. 1668, p. 9).

« empirisme, ne suppose-t-elle pas certaines notions, certains « principes qui, présents à l'esprit, dirigent et garantissent tout « son travail ? En un mot l'esprit est-il à peu près constitué « par les phénomènes dont les rapports constants se dégagent « et sortent comme en relief de la masse confuse des faits ? Ou « bien trouvons-nous en lui des *notions premières* qui dépassent « l'expérience ; des principes universels nécessaires qui, domi« nant le relatif, permettent d'établir entre les phénomènes des « rapports fixes, de cimenter leur matière flottante et d'en « construire l'édifice systématique de la connaissance ? C'est à « peu près en ces termes antithétiques, disent Janet et Séailles, « que dans l'histoire se pose et se développe le problème de la « raison (1). » C'est à peu près en ces termes qu'il s'est posé en ce qui concerne la question spéciale de l'origine des notions regardées comme constituant les règles du droit naturel.

Parlons tout d'abord des théories empiristes. La doctrine des Stoïciens présentée par eux comme essentiellement empiriste est cependant en réalité une juxtaposition dans les mots d'empirisme et d'a priorisme (de même que de matérialisme et d'idéalisme) que, croyons-nous, il est impossible de concilier au fond. L'intelligence est, à l'origine une table rase ; la connaissance s'acquiert par les impressions qu'y grave en quelque sorte la sensation. Il en est ainsi des principes du droit naturel. Ils se ramènent à une règle fondamentale : vivre conformément à la nature, c'est-à-dire suivant Cléanthe, Posidonius, Hécaton, Chrysippe, conformément à la nature universelle et aussi, suivant Chysippe à la nature humaine (2). Dès lors, suivant l'expression de Chysippe, vivre vertueusement c'est prendre pour guide de sa conduite l'*expérience* de ce qui arrive dans le cours de l'ordre naturel des choses (3) ; il en résulte que le Droit naturel se trouve être dans la dépendance de la Physique dont l'importance est capitale. « Ce n'est pas sans raison, dit Cicéron « qu'on a fait le même honneur à la Physique ; car celui qui

(1) Janet et Séailles, *Histoire de la philosophie*, 1887, p. 115-116.

(2) Diogène de Laerce, L. VII. I § 53 87 et s. (Collect. Didot. Diog. Laert. edit. Cobet p. 178). Cicéron, *De finibus bonorum et malorum*, L. III. Ch. VII (Collect. Nisard, *Œuvres* de Cicéron, t. III, p. 546). Cléanthe supprimait la nature humaine de sa formule (Diog. Laert. *op. et loc. cit.*).

(3) Diog. Laert. *op. et loc. cit.*

« veut vivre conformément à la nature doit commencer par « l'étude du monde entier et de son gouvernement. D'ailleurs « personne ne peut juger sainement des biens et des maux à « moins qu'il ne connaisse toute la constitution de la nature « comme aussi ce qui regarde la vie des Dieux et qu'il ne sache « si la nature de l'homme a quelque convenance ou non avec « celle de l'Univers. Que l'on passe en revue tous les anciens « préceptes formulés par les Sages : s'accommoder au temps, « se conformer à Dieu, se connaître soi-même, ne faire rien de « trop, on n'en saurait connaître toute la portée qui est très « grande sans les lumières de la Physique. C'est aussi la seule « science qui peut nous enseigner de quel pouvoir est la nature « pour le maintien de la Justice et pour l'entretien de l'amitié « et des autres affections. La Piété même envers les Dieux et « l'étendue de la gratitude qu'on leur doit ne peuvent être com- « prises sans l'explication de la nature (1) ». Mais, d'autre part, la connaissance s'opère par une réaction de la raison, effet de la tension de la volonté, sur l'impression venue du dehors (2). La raison, qui est matière, est divine ; elle est répandue dans tout le ciel et dans toute la terre ; elle est commune aux Dieux et aux hommes (3). Le droit naturel est donc une forme de cette substance qui pénètre l'univers entier (4).

La théorie empirique moderne, celle qui au XVIIe et au XVIIIe siècle se répandit en Angleterre ainsi qu'en France, où elle fut à la fois vulgarisée et transformée par Condillac, est issue de Locke. Celui-ci avait eu des devanciers dans la philosophie de la Renaissance, notamment Bernardino Telesio (1508-1588), Campanella (1568-1639) et Bacon (1560-1626). En apportant une nouvelle conception de la vie, en réhabilitant la nature non plus suspectée comme source de péché et d'erreur et auxiliaire du Démon depuis la déchéance de l'homme, mais étudiée comme reflet de la Sagesse du Créateur, image de sa

(1) Cicéron, *De finib. bon. et mal.* L. III, Ch. XXI ou XXII suivant les éditions. (Collect. Nisard, *Œuvres* de Cicéron, t. III, p. 559-560).

(2) Cicéron, *Acad.*, (Lucullus) III, 10 et s. (Collect. Nisard, *Œuvres* de Cicéron, T. III, p. 445).

(3) Cicéron, *De Legibus*, L. I. c. VII. (Collect. Nisard, *Œuvres* de Cicéron, t. IV, p. 367).

(4) « Vera Lex, recta Ratio » dit Cicéron, *De offic.* L. III, c. XXII (Collect. Nisard, *Œuvres* de Cicéron, T. IV, p. 329).

beauté, glorification de sa toute-puissance, la pensée de la Renaissance avait, en effet, par une conséquence nécessaire, réintroduit l'empirisme dans la science. Mais, pour notre sujet, il est inutile de remonter au-delà de Locke. Niant d'une manière générale l'existence de toute idée a priori Locke est amené logiquement à nier que le droit naturel soit inné en nous. Celui-ci, comme toutes nos autres connaissances nous est enseigné par l'expérience (1). Cumberland, lui aussi, rejette la doctrine des lois naturelles innées ; il repousse en outre l'hypothèse suivant laquelle elles auraient existé de toute éternité dans l'entendement divin. Il admet qu'il y a « des propositions « d'une vérité immuable sur ce qui regarde le soin d'avancer le « Bien ou la Félicité de tous les êtres raisonnables considérés « ensemble » ; mais elles ne sont pas innées en nous ; elles sont « imprimées dans nos esprits par la nature même des choses ». C'est donc au contact de l'expérience de la nature des choses et de la nature humaine qu'elles se révèlent à notre raison. Cumberland, en outre, est presque un devancier de Malebranche et il est tout près de la théorie des *causes occasionnelles*. « Tous les effets des mouvements corporels, dit-il, qui se font « par une nécessité naturelle et sans que la liberté de l'homme « y ait aucune part sont produits par la volonté de la cause « première. Ce qui ne signifie autre chose si ce n'est que les « mouvements de tous les corps viennent originairement de la « force que le premier Moteur leur a imprimée et qu'ils sont « perpétuellement déterminés par certaines lois par cette impression *constamment continuée* ». Si donc la nature des choses imprime en nous les préceptes de la loi naturelle c'est sous l'impulsion « perpétuellement réglée et entretenue par la « Cause première (2) ». Cependant l'empirisme n'eut pas un très grand succès dans l'école du Droit naturel. L'a priorisme y trouva bien plus d'adhérents.

Suivant l'enseignement de la philosophie chrétienne, les notions du droit naturel sont innées en l'homme. Celui-ci les

---

(1) Locke, *An Essay concerning human understanding*, L. I, Ch. III, § 6, (*Works*, 2d édit. 1722, t. I, p. 14).

(2) Cumberland, *Traité philos. des loix nat.*, Discours préliminaire, (Trad. Barbeyrac, 1757, p. 6 et s.)

reçut de Dieu dès sa création ; après sa chute, il garda quelque chose de sa nature primitive ; sa raison conserva quelque chose de sa faculté de discerner le bien du mal et, suivant Albert le Grand (1), de son penchant vers le bien. Les théologiens appellent *synderesis* cette faculté et ce penchant ; ils donnent le nom de conscience, (*conscientia*, au sens étroit) à l'acte par lequel la raison en fait usage (2). Ici, la raison humaine, comme nous l'avons déjà remarqué, n'est plus qu'un don de Dieu ; elle est cependant quelque chose de Dieu ; c'est une sorte d'irradiation de la pensée divine dans l'âme humaine ; par elle, l'homme participe dans une certaine mesure à la *summa ratio* qui existe en Dieu (3) ; aussi la philosophie chrétienne a-t-elle pu parfois reproduire en partie le langage de la philosophie stoïcienne. Malebranche qui, en disciple de Descartes, conçoit la *summa ratio* comme une sorte d'harmonie mathématique, est fidèle à cet enseignement lorsqu'il déclare que *l'ordre immuable* qui doit régler « l'estime et l'amour de toutes les intelligences (4) » et dont « l'amour habituel et dominant (5) » constitue la vertu, consiste dans des rapports de grandeur et de perfection « que « Dieu consulte quand il agit (6) ». Mais, à cette hauteur, sa doctrine plane bien loin au-dessus de l'empirisme stoïcien. « On peut, dit-il, suivre la nature et se dérégler, car mainte- « nant la nature est déréglée. On peut, au contraire, résister à « l'action de Dieu sans contrevenir à ses ordres ; car souvent « l'action particulière de Dieu est tellement déterminée par « les causes secondes ou occasionnelles qu'en un sens elle « n'est point conforme à l'ordre. Il est vrai que Dieu ne veut « que selon l'ordre ; mais souvent il agit en quelque manière « contre l'ordre.......... De sorte que celui qui prétendrait obéir

(1) Albert le Grand, *Summa Theologiæ*, IIa Pars, Tractatus XVI, Quæstio 99, Membrum II, *De Synderesi* (Edit. R. P. Jammy, *Beati Alberti Magni Opera*, Lyon 1651, T. XVIII, p. 465 et s.) ; *Summa de Creaturis*, IIa Pars, Tract. I, Quæst. LXIX et LXX. (Même édit. T. XIX, p. 320 et s.).

(2) Albert le Grand, *op. et loc. cit.*, Saint Thomas *Summa tot. theol.* Ia Pars, quæst. LXXIX, art. 12 et 13. (Edit. Cologne, 1639, t. I p. 258-259).

(3) *Id. Summa*, Ia IIæ, q. 91. (Même édit., I, p. 267 et s.)

(4) Malebranche, *Traité de morale*, Ire Partie, Ch. I. (Edit. de ses *Œuvres complètes* de Guenoude et Lourdoueix, 1837, t. I, p. 401).

(5) *Id.*, *op. cit.*, *Avertissement*. (Edit. supra cit. t. I, p. 400).

(6) *Id.*, *op. cit.*, Ire Partie, Ch. I, (Edit. supra cit. p. 401).

« à Dieu en se soumettant à sa puissance, en suivant et respec-« tant la nature, blesserait l'ordre et tomberait à tous moments « dans la désobéissance (1) ». Nous sommes ici dans le domaine de la « science intuitive » qu'un autre cartésien, Spinoza, distinguait, en lui accordant le premier rang, et de la connaissance empirique et de la connaissance rationnelle proprement dite.

L'école du droit naturel s'en est tenue à un rationnalisme moins transcendant. Elle enseigna, en général, que pour découvrir les règles du droit naturel l'homme doit les dériver, par le raisonnement, de sa propre nature *morale* (2). L'a priorisme a donc ici une base empirique psychologique, il consiste à tirer, par une déduction purement logique, les conséquences des données fournies par l'observation interne de soi-même.

Chez certains auteurs, il semble même au premier abord, qu'il ait aussi une base empirique physique. En effet, au XVIIe et au XVIIIe siècles, la formule stoïcienne suivant laquelle les règles du droit naturel découlent de l'essence et de la nature de l'homme et *des choses* se retrouve notamment chez Wolf (3) et Vattel (4). Mais cette addition de l'expression « et des choses » n'a dans leur doctrine aucune portée pratique ; de « la nature des choses » ils ne tirent aucune conséquence ; toutes leurs règles sont fondées exclusivement sur la nature morale de l'homme telles qu'ils la conçoivent.

L'empirisme se fût introduit dans la science du droit naturel, à côté de l'a priorisme, si les disciples de Grotius eussent, comme lui, admis que l'on peut, dans une certaine mesure, reconnaître un principe de droit naturel à ce qu'il est accepté par le consentement universel de tous les hommes, consacré

---

(1) *Id., op. cit.*, Ch. I. (Edit. supra cit. p. 403).

(2) V. notamment Grotius, *De jure belli ac pacis*, *Prolegom.* § 16, L. I. Ch. I, § X et XII (Edit. Amstelædami, 1712, p. xi, 9-10 et 14) ; Puffendorf, *Droit de la nature et des gens*, L. II, ch. III § 13 et s. (Trad. Barbeyrac, 1740, t. I. p. 231 et s.) *Devoirs de l'homme et du citoyen*, L. I ch. III, § 1, (Trad. Barbeyrac, édit. 1822, t. I, p. 139.)

(3) Wolff, *Institutions du droit de la nature et des gens*, Ch. II § 38. (Trad. M***, avec notes de Elie Luzac, 1772, t. I, p. 21).

(4) Vattel, *Essai sur le fondement du droit naturel.* (En tête de l'édit. du *Droit des gens ou Principes de la loi naturelle*, Pradier-Fodéré, 1863, t. I, p. 3-4).

dans les institutions de tous les peuples ou de la plupart d'entre eux. Mais, à ce point de vue, Grotius ne fit point école ; cette opinion, combattue dès avant lui par Selden (1), fut, après lui, expressément rejetée par Heineccius (2) et Puffendorf (3) et passée sous silence par les autres. D'ailleurs, ce mode de recherche, dont aucun ne fit usage, n'est présenté par Grotius lui-même que comme une méthode accessoire et auxiliaire et comme ne conduisant pas à la certitude mais seulement à la vraisemblance. « La preuve qu'une règle est ou non conforme au droit « naturel, dit-il, se fait ordinairement de deux manières : *a* « *priori* et *a posteriori*. *A priori*, en montrant qu'elle est en « accord ou en désaccord avec la nature rationnelle et sociale « de l'homme...... *A posteriori*, on induit sinon avec une certi- « tude absolue, du moins avec une grande vraisemblance « qu'une institution appartient au droit naturel de ce qu'elle est « regardée comme telle par toutes les nations ou par toutes « celles qui sont le plus avancées en civilisation (4) ».

B) *Théorie du sentiment.* La doctrine suivant laquelle le bien moral nous est révélé par une inspiration intérieure qui est à la fois une source de connaissance et un principe d'action fait songer à celle qui avait été enseignée au moyen-âge par le théologien Albert le Grand malgré que très certainement elle ne soit point issue de cette dernière. Elle fut professée au XVIIIe siècle par les écossais Shaftesbury (5) et Hutcheson. Suivant ces philosophes, l'homme possède un *sens interne* qui, par des impressions agréables ou désagréables, lui fait connaître ce qui est bien et ce qui est mal et le pousse vers le bien. L'idée du bien et l'idée du mal ne seraient donc, comme celles du beau et du laid, que des formes de la sensibilité.

---

(1) Selden, *De jure naturali et gentium*, L. I, Ch. VI. (Edit. Argentorati, 1665, p. 74 et s).

(2) Heineccius, *Elementa juris naturæ et gentium*, L. I, ch. III, § 71. (Edit. Halle, 1768, p. 53).

(3) Puffendorf, *Droit de la nat. et des gens*, L. II, ch. III § VII et s. (Trad. Barbeyrac, 1740, t. I. p. 218 et s.).

(4) Grotius, *De jure belli ac pacis* ; L. I, ch. 1 § XII. (Edit. Amstelædami, 1712, p. 14).

(5) Shaftesbury, *Characteristicks, Treatise IV, An Inquiry concerning virtue or merit* (1699), L. I. *Part* II, Sect. III ; *Part* III, Sect. I. (Edit. 1738, t. II, p. 28 et s. ; p. 42 et s.).

C) *Doctrines éclectiques*. Il y eut enfin des éclectiques qui crurent pouvoir admettre à la fois la raison et le sentiment comme sources des idées morales. De ce nombre est, dans l'école du droit naturel, Burlamaqui (1) dont la tendance constante est, sinon de concilier toujours réellement, du moins de juxtaposer les doctrines antithétiques. Celui-ci est, en outre, un éclectique en ce que, dans les opérations de la raison, il admet en même temps la déduction psychologique et l'induction (2).

Nous croyons devoir compter également Hume, qui appartient à l'école de la philosophie morale, au nombre des éclectiques bien qu'on le présente d'ordinaire comme un adepte de la doctrine pure et simple du sentiment. Suivant ce philosophe, la raison, par l'exemple de ce que notre sens moral approuve et blâme chez les autres, nous enseigne quels sont les actes accomplis par nous-mêmes que nous devons considérer comme bons et quels sont ceux que nous devons regarder comme mauvais. Elle nous montre donc la voie que nous devons suivre et celle dont nous devons nous détourner. Mais, *en général*, elle ne possède aucune force de propulsion capable de nous pousser dans un sens ou dans l'autre ; *d'ordinaire*, c'est une sorte d'instinct, le sentiment de sympathie à l'égard de nos semblables, qui nous incite au bien. Cependant, *il en est autrement pour la vertu de justice*. Celle-ci ne nous est aucunement suggérée par la sympathie ; en l'observant, nous avons consciemment et directement en vue l'utilité sociale (3) ; or très évidemment, c'est par la raison que nous connaissons ce qui est socialement utile.

Nous pensons que c'est également ici qu'il convient de men-

(1) Burlamaqui, *Princ. du dr. de la nat.*, IIe Partie, ch. III. (Edit. de Felice revue par Dupin, 1820, t. I, p. 275 et s.)

(2) Comp. le passage cité à la note précédente et même ouvrage, T. I, p. 93.

(3) Hume. — *An Inquiry concerning the principles of morals*, Sect. I (*Of the general principles of morals*) ; Sect. III (*Of Justice*) ; Section V (*Why Utility pleases*), Appendix I, (*Concerning moral sentiment*) ; Appendix III (*Some further considerations with regard to Justice*). — (Edit. *The philosophical works of David Hume*, Boston and Edinburgh, 1854, T. IV p. 229 et s.; 244 et s.; 275 et s.; 353 et s.; 373 et s.). Cf. *Treatise of human nature*, Book II, Part I (*Of Vice and virtue*) ; Book III, Part. I, Sect. I (*Moral distinctions not derived from reason*), II (*Moral distinctions derived from a moral sense*) et VI (*Some further reflections concerning Justice and Injustice*). (Même édit. T. II p. 26 et s. ; 232 et s. ; 296 et s.)

tionner la doctrine *évolutionniste* de Rousseau. S'il faut l'en croire, l'embryon d'où sort, dans l'état de société, le droit naturel se forme dans le pur état de nature alors que la raison n'est pas née encore ; il ne peut donc être engendré par la raison. Il est la résultante de deux instincts contraires : l'instinct de la conservation personnelle et celui de la commisération. Dans l'état social, l'instinct se transforme en raison et la raison reconstruit l'édifice du droit naturel sur de nouvelles bases, « quand, par ses développements successifs, elle est venue à « bout d'étouffer la nature (1) ».

VI. **Origine du Droit naturel.** — L'hypothèse de l'état de nature fit naître une autre question : le droit naturel a-t-il son origine dans l'état de nature ou dans l'état de société ? Deux courants d'idées surgirent dus à ce que, dérivant le droit naturel de la nature de l'homme, les uns virent dans l'homme de la nature un être isolé, sans rapports avec ses semblables, alors que les autres crurent découvrir en lui un ζῶον πολιτικόν, un être essentiellement sociable et social. Le premier courant est issu de Hobbes et de Spinoza.

Hobbes distingue le *droit naturel* qui ne confère que des droits et la *loi naturelle* qui n'impose que des obligations. « Le droit naturel, dit-il, est la liberté qu'a chacun d'user de « sa propre puissance, comme il l'entend, pour la préservation « de sa nature, c'est-à-dire de sa vie et, en conséquence, de « faire tout ce que son jugement et sa raison lui montrent être « les meilleurs moyens d'obtenir ce résultat..... La loi naturelle « (*Lex naturalis*) est un précepte ou une règle générale décou- « verts par la raison qui interdit à chacun de faire ce qui est « destructif de sa propre existence ou de s'enlever les moyens « de la conserver ou de négliger ce qu'il pense pouvoir la lui « conserver (2). »

Dans l'état de nature tous les hommes sont égaux, la liberté de chacun est donc absolue ; le droit naturel, tel qu'il vient d'être défini, ne comporte pas de limites : chacun peut, par tous les moyens, chercher à satisfaire au plus essentiel de tous

(1) Rousseau, *Discours sur l'origine et les fondements de l'inégalité parmi les hommes* (1755). Préface. (Edit. *Œuvres complètes*, Paris, Baudouin, 1826, T. I, p. 234).

(2) Hobbes, *Leviathan*, Partie I, ch. XIV, (Edit. Waller, 1904, p. 86).

ses devoirs, assurer la conservation de sa vie. Chacun a un droit absolu sur toutes choses, il n'est donc pas d'injustice possible. Il en résulte un état de guerre de tous contre tous d'où la loi naturelle commande à l'homme de sortir. Pour obéir a cette injonction, l'homme doit renoncer à son droit naturel et le transférer, sans réserves, à un maître, par un pacte social. Dès lors, il s'assujettit à des obligations dérivant du pacte social et des pactes individuels conclus avec ses concitoyens ; des injustices, des violations du droit deviennent donc possibles de sa part ; et il n'a plus de droits que ceux qui lui sont rétrocédés par la loi ou qui dérivent de conventions particulières conclues conformément à la loi (1). Ainsi, dans l'état de nature, le droit naturel de l'individu est absolu ; l'état social, ordonné par la loi naturelle, le détruit complètement et ne laisse subsister que des droits dérivant de la loi positive.

Ainsi que Hobbes, Spinoza admet que dans l'état de nature le droit de chacun est illimité et que, en conséquence, l'injustice ne se conçoit pas. Il fonde cette affirmation sur ce que le droit particulier de l'individu n'est qu'une partie du droit de la nature en général et que le droit de la nature n'a d'autre limite que son pouvoir. Nous pensons devoir transcrire intégralement ce passage, malgré sa longueur, parce qu'il est difficile de l'analyser sans le défigurer. « Par droit et institution de la « Nature, dit-il, je n'entends rien autre chose que les règles de « nature de chaque individu en vertu desquelles nous concevons « chacun de ces individus comme naturellement déterminé à « exister et à produire ses opérations d'une certaine manière. « Par exemple, la nature détermine les poissons, en général, « à nager et les gros poissons à manger les petits ; c'est donc « en vertu d'un droit naturel que les poissons sont maîtres « dans l'eau et que les gros mangent les petits. Il est certain « que la Nature considérée absolument et en elle-même a un « droit absolu à tout ce qu'elle peut faire, c'est-à-dire que le « droit de la Nature s'étend aussi loin que s'étend son pouvoir, « le pouvoir de la Nature n'étant que la puissance même de « Dieu qui a un droit absolu sur toutes choses. Mais comme le

(1) Hobbes, *De Cive, Libertas*, ch. I, § 3 et s. (*Opera*, édit. 1668, p. 4 et s.). *Leviathan*, Partie I, Ch. XIII et XIV (Edit. Waller 1904, p. 81 et s.).

« pouvoir universel de toute la Nature n'est autre chose que le « pouvoir de tous les individus, il s'ensuit que chaque individu « a un droit absolu à tout ce qu'il peut faire, c'est-à-dire que le « droit de chaque individu s'étend aussi loin que s'étend son « pouvoir particulier. Et comme c'est la loi souveraine de la « Nature que chaque chose tâche, autant qu'il est en elle, de « demeurer dans l'état où elle se trouve, et cela sans avoir « égard à aucune autre, mais uniquement en vue de son propre « intérêt, il en résulte que chaque individu a un droit absolu « de suivre cette règle, c'est-à-dire d'exister et d'accomplir ses « opérations selon qu'il y est naturellement déterminé. Nous « n'admettons ici aucune différence entre l'homme et les autres « êtres de la Nature ; ni entre ceux qui sont en âge de raison « et ceux qui n'ont pas encore l'usage de leur raison, ni entre « les innocents et les fous et les personnes de bon sens. Car, « tout ce que chaque chose fait suivant les lois de sa nature, « elle le fait avec un droit absolu puisqu'elle agit ainsi qu'elle « y est déterminée par sa nature et qu'elle ne saurait agir « autrement. Parmi les hommes considérés en tant qu'ils vivent « sous l'empire de la seule raison, celui qui n'ayant pas encore « l'usage de la raison ou qui n'ayant pas encore contracté l'ha- « bitude de la vertu, suit les seules lois de ses désirs, agit ainsi « en vertu d'un droit aussi parfait que celui qui règle sa vie « selon les lois de la raison. C'est-à-dire que comme un homme « sage a un droit absolu de faire tout ce que les lumières de la « raison lui inspirent, de même un ignorant et un insensé ont « aussi un droit absolu de faire tout ce que leurs désirs leur « suggèrent, en d'autres termes de vivre suivant les lois de « leurs désirs.

« Le Droit naturel de chaque homme n'est pas déterminé « par la droite raison mais par les désirs et par le pouvoir. En « effet, tous les hommes ne sont pas naturellement déterminés « à agir selon les règles et les lois de la raison ; au contraire, « ils naissent tous dans une entière ignorance de toutes choses, « et avant qu'ils puissent apprendre la manière de se bien con- « duire et acquérir l'habitude de la vertu, une grande partie « de leur vie se passe, quelque bonne éducation qu'ils aient « eue ; ils sont néanmoins tenus pendant tout ce temps là de « vivre et de se conserver autant qu'il est en eux. Il faut donc

« qu'ils suivent alors les seuls mouvements de leurs désirs, « puisque n'ayant pas encore le pouvoir actuel de se conformer « à la droite raison, la nature ne leur a point donné d'autre « secours pour se conduire. Ainsi, dans cette hypothèse, il ne « sont pas plus obligés de suivre les maximes du bon sens « qu'un chat n'est tenu de suivre les lois de la nature du lion. « Ainsi donc chaque individu considéré comme vivant sous « l'empire de la seule nature, peut en vertu du droit de la « nature rechercher et s'approprier de quelque manière que ce « soit, par force, par ruse, par prière, en un mot par tout « moyen qu'il croira être le plus facile, tout ce qu'il jugera être « de quelque utilité pour lui, que ce jugement lui soit suggéré « par les lumières de la raison ou par les mouvements de ses « passions ; et il pourra, en conséquence, tenir pour ennemi « quiconque voudrait l'empêcher de satisfaire son désir.

« D'où il suit que l'institution et le droit de la nature sous « lequel les hommes naissent et vivent, pour la plupart, exclut « uniquement ce que personne ne désire ou ne peut empêcher, « mais non les disputes, les haines, la colère, les fourberies ni « d'une manière générale aucune des choses que nos passions « peuvent nous inspirer. Et il ne faut pas s'en étonner, car la « nature n'est pas renfermée dans les seules lois de la raison « humaine, lesquelles n'ont en vue que les intérêts et la con- « servation des hommes : elle s'étend à une infinité d'autres « choses qui concernent l'ordre éternel de la nature dont « l'homme n'est qu'une infime partie » (1).

Mais, ajoute Spinoza, l'exercice du droit naturel absolu n'est pas ce qu'il y a de plus avantageux pour l'homme qui, en ce cas, se trouve condamné à vivre perpétuellement dans la crainte. Le besoin de sécurité lui conseille de renoncer partiellement à son droit naturel. Mû par cet intérêt, chaque individu a dû transférer à la collectivité son droit absolu sur toutes choses, et s'engager à prendre pour régulateurs de sa conduite non plus sa force et ses passions mais la puissance de la volonté collective, à vivre suivant les préceptes de la raison dont personne n'ose ouvertement contredire le bien fondé afin de ne pas passer pour fou, à réfréner ses passions, à obéir à la voix

(1) Spinoza, *Tractatus theologico-politicus*, (1670) ch. XVI, p. 175 et s.

intérieure qui lui conseille de ne pas faire à autrui ce qu'il ne voudrait pas qu'on lui fît, enfin à défendre le droit autrui comme le sien propre. Après ce pacte, les injustices, les violations du droit sont devenues possibles (1).

La doctrine de Spinoza ne se confond cependant pas entièrement avec celle de Hobbes. Elle se sépare d'elle par cette nuance que le pacte social n'est pas conclu, comme le soutient Hobbes, par ordre de la loi naturelle mais sur le conseil de l'intérêt, et par cette différence fondamentale qu'il ne transfère pas, comme celui de Hobbes, la totalité du droit naturel de chacun à la puissance souveraine (monarque, autocrate ou peuple) ; personne en effet, dit Spinoza, ne peut cesser d'être homme ; cette absorption complète du droit naturel individuel par le pouvoir souverain n'est d'ailleurs pas indispensable pour obtenir l'état de sécurité cherché (2). Une partie du droit naturel ayant sa source dans l'état de nature subsiste donc après la conclusion du pacte social ; c'est ce qui constitue le droit naturel de l'état de société.

Locke peut être rapproché de Spinoza. Comme lui, en effet, il admet un contrat social qui, ne transférant à la puissance souveraine qu'une portion du droit naturel de l'état de nature, laisse subsister le reste aux mains des individus (3). Mais il se sépare à la fois de Spinoza et de Hobbes en ce qu'il conçoit l'état de nature comme un état paisible dans lequel déjà la loi naturelle impose des obligations aux individus, des restrictions à leur liberté (4). Ainsi, avec Hobbes, la loi naturelle, dans l'état de société, nous impose indirectement des obligations en nous forçant à conclure des conventions, elle ne nous confère aucun droit ; avec Spinoza, le droit naturel de l'état de société, dérivant de l'état de nature auquel il survit, continue de nous accorder les droits que nous n'avons pas aliénés et qui sont d'ailleurs inaliénables ; enfin, avec Locke, il a toujours la même origine mais il comprend non seulement des droits mais encore des obligations (5) ; celles-ci ne sont pas toutes contractuelles ou légales.

(1) Spinoza, *op. et loc. cit.*

(2) Spinoza, *op. cit.* ch. XVII, p. 187 et s.

(3) Locke, *Of Civil government*, L. II, ch. VIII et s. (*Works*, 2d edit., 1722, t. II, p. 185 et s.)

(4) Locke, *op. cit.* ch. II (Edit. cit. t. II, p. 160 et s.)

(5) Locke, *op. cit.* ch. XI (Edit. cit. t. II, p. 195 et s.

La théorie suivant laquelle le droit naturel dérive de l'état de nature, après avoir subi un temps d'éclipse avec l'école du droit naturel, reparut avec un éclat plus vif que jamais grâce à Montesquieu et surtout à Rousseau. Avant toutes les lois humaines, civiles et politiques, dit Montesquieu, « sont celles « de la nature, ainsi nommées parce qu'elles dérivent unique-« ment de la constitution de notre être. Pour les connaître « bien, il faut considérer un homme avant l'établissement des « sociétés. Les lois de la nature sont celles qu'il recevrait dans « un état pareil » (1). Rousseau s'élève vivement contre la conception de l'homme ζῷον πολιτικόν ; rien de moins naturel, suivant lui que l'état de société. « On voit, dit-il, au peu de soins « qu'a pris la nature de rapprocher les hommes par des besoins « mutuels et de leur faciliter l'usage de la parole, combien elle « a peu mis du sien dans tout ce qu'ils ont fait pour en établir « les liens » (2). Dans le pur état de nature, — qui d'ailleurs n'a peut-être existé qu'un instant de raison, — l'homme vit isolé parmi les animaux, « errant dans les forêts, sans in-« dustrie, sans parole, sans domicile, sans guerre et sans « liaison, sans nul besoin de ses semblables comme sans nul « désir de leur nuire, peut-être même sans jamais en recon-« naître aucun individuellement » (3). Une égalité à peu près absolue existe entre les individus ; car il n'y a pas d'état de droit qui les différencie et physiquement ils sont à peu près semblables. Aucune limitation n'est imposée à leur liberté ; leur vie est surtout animale, ils ne connaissent aucun devoir car ils n'ont pas la notion du juste et de l'injuste ; ils n'ont ni vertus ni vices, ils sont *amoraux* (4). Cependant l'état de nature est à peu près paisible ; car chez l'individu l'instinct de la conservation personnelle est tempéré par celui de la pitié ou commisération qui lui « inspire une répugnance naturelle à voir « périr ou souffrir tout être sensible et principalement ses sem-« blables » (5). L'égalité et la liberté — l'exercice de celle-ci

(1) Montesquieu, *Esprit des Lois*, L. I, ch. II (Edit. Amsterdam, 1784, t. I, p. 6 et s.)

(2) Rousseau, *Disc. sur l'orig. et les fond. de l'inég. (Œuvres complètes*, édit. Paris Baudouin frères, 1826, t. I, p. 272).

(3) Rousseau, *op. cit.* (Edit. cit. t. I, p. 287).

(4) Rousseau, *op. cit.* (Edit. cit. t. I, p. 274).

(5) Rousseau, *op. cit.* Préface. (Edit. cit. T. I, p. 234).

étant seulement arrêté dans certains cas par l'instinct de commisération, — voilà les deux droits primordiaux conférés à l'homme par la nature. Dans l'état de société, après le contrat social synallagmatique conclu non point par tous les individus avec un seul maître mais par chacun avec tous, ils ne disparaissent pas, ils ne font que se transformer. L'égalité demeure : « Au lieu de détruire l'égalité naturelle, le pacte fondamental « substitue au contraire une égalité morale et légitime à ce que « la nature avait pu mettre d'inégalité physique entre les hom- « mes.... ; pouvant être inégaux en force ou en génie, ils devien- « nent tous égaux par convention et de droit » (1). La liberté subsiste, elle aussi ; car l'objet du contrat social est de « trouver « une forme d'association qui défende et protège de toute la « force commune la personne et les biens de chaque associé et « par laquelle chacun s'unissant à tous n'obéisse pourtant qu'à « lui-même et reste aussi libre qu'auparavant » (2). Enfin, par suite de la naissance et des progrès de la raison, l'instinct de pitié devient le principe de justice. « Le passage de l'état de « nature à l'état civil produit dans l'homme un changement très « remarquable en substituant dans sa conduite la justice à « l'instinct et en donnant à ses actions la moralité qui leur man- « quait auparavant » (3). La justice n'est plus une simple force impulsive ; c'est un *impératif catégorique* qui donne des ordres, prescrit des devoirs. L'homme a désormais des obligations, il est devenu un être moral. Voilà à la suite de quelle évolution le droit naturel — ensemble de droits et de devoirs — qui régit l'état social, sort, comme la plante de la graine, de la vie instinctive de l'état de nature.

Le second courant d'idées que nous avons signalé plus haut est issu de Grotius (4). Sans doute l'on retrouve chez ce dernier la notion de l'état de nature, que l'auteur conçoit comme sou-

---

(1) Rousseau, *Contrat Social*, (1762) L. I, ch. IX (Edit. cit. T. VI, p. 53).

(2) Rousseau, *op. cit.* L. I, ch. VI (Edit. cit. T. VI, p. 41).

(3) Rousseau, *op. cit.* L. I, ch. VIII (Edit. cit. T. VI, p. 47).

(4) D'après Cicéron, le droit naturel était inconnu dans l'état de nature ; il n'a pris naissance qu'avec la constitution des sociétés. « Quis enim... ignorat ita » naturam rerum tulisse ut quodam tempore homines, nondum neque naturali » neque civili jure descripto, fusi per agros ac dispersi vagarentur... » (*Pro Sextio* XLII, Coll. Nisard, *Œuvres* de Cicéron, t. III, p. 80).

mis à une loi naturelle, et celle aussi de contrat social (1). Mais, suivant Grotius, l'état de nature est en discordance avec la nature humaine, car l'homme a été doué par la nature de l'*appetitus societatis*, du désir, du besoin moral de vivre en société. Comme le droit naturel dérive de la nature de l'homme, il en résulte que dans l'état de nature il ne peut recevoir qu'une application imparfaite, incomplète et qu'il se trouve violé par certains points. L'homme étant *psychologiquement* un ζῶον πολιτικόν, l'état de société constitue la notion première, irréductible d'où découle le véritable droit naturel (2). Voilà pourquoi l'auteur déclare que les préceptes de ce dernier se reconnaissent à leur conformité avec la nature rationnelle et *sociale* de l'homme (3). Quant au contrat social il est simplement déclaratif du véritable droit naturel ; il ne crée ni ne supprime aucune de ses règles.

Cette conception prédomina, avec des nuances diverses, dans l'école du droit naturel. Suivant Cumberland (4), le bonheur consiste à agir conformément à la nature des choses en général et à sa nature propre en particulier. Or il n'est point pour l'homme de félicité plus grande que celle que lui procure l'acte bienveillant, l'acte social par excellence, lequel consiste à « avancer autant qu'il est en notre pouvoir le bien commun de « tout le système des agents raisonnables » (5). C'est donc que l'*appetitus societatis* est le plus impérieux besoin de la nature humaine.

Wolff, dont on peut rapprocher Vattel, estime que par sa nature l'homme tend à la perfection (6) ; il ne peut trouver le bonheur que dans l'acte conforme à cette tendance. Or telle est son indigence « que personne ne peut seul se perfectionner « soi-même et perfectionner son état mais que chacun a besoin

---

(1) Grotius, *De jure belli ac pacis*, L. I, ch. I, § 14. (Edit. Amstelæ lami, 1712, p. 16-17) ; *De jure prædæ* publiée pour la première fois par Hamaker, 1868, p. 19.

(2) Grotius, *De jure belli ac pacis*, *Proleg.* § 6, 8, 15, 16 (Edit. Amstelædami, 1712, p. v, vii, x, xi).

(3) Grotius, *op. citat.* L. I, ch. I § XII (Edit. cit. p. 14).

(4) Cumberland, *Traité philos. sur les lois nat.* ch. I, ch. V etc. (Trad. Barbeyrac, 1757, p. 42, p. 206 et s. etc.).

(5) Id. *op. cit.*, *Discours préliminaire* (Trad. supra cit., p. 11).

(6) Vattel, *Institut. du dr. de la nat.*, I[e] Partie, ch. II, § 36 (Trad. M*** avec notes de Elie Luzac, 1772, t. I, p. 20).

« du secours des autres » (1). Chacun tend donc à l'état de société de toutes les forces de son être.

Puffendorf s'écarte plus que les précédents de la doctrine de Grotius, parce que semble-t-il, il a voulu concilier avec celle-ci certaines idées empruntées à Hobbes dont il subit fortement l'influence. L'état de nature, dit-il, peut être conçu de trois manières différentes. Il y a un état de nature considéré par rapport à Dieu ; « il n'est autre chose que la condition de « l'homme considéré en tant que Dieu l'a fait le plus excellent de tous les animaux ». Il y a un état de nature qui « est la « *triste* condition où l'on conçoit que serait réduit l'homme, *fait* « *comme il est*, s'il était abandonné à lui-même en naissant et « destitué de tout secours de ses semblables ». Il y a enfin un état de nature qui est celui où l'on conçoit les hommes « en tant « qu'ils n'ont ensemble d'autre relation morale que celle qui « est fondée sur cette liaison simple et universelle qui résulte « de la ressemblance de leur nature, indépendamment de toute « convention et de tout acte humain qui en ait assujetti quel- « ques-uns à d'autres » (2). — Seuls, les deux derniers de ces états de nature sont à retenir ici. Le second est contraire à la nature physique de l'homme qui est « hors d'état de se conser- « ver sans le secours de ses semblables » (3). Le troisième est contraire à sa nature psychologique, non pas précisément qu'il ait l'*appetitus societatis*, mais bien plutôt parce qu'il est égoïste, parce qu'il est « très capable de faire du bien à ses semblables « et d'en recevoir, mais d'un autre côté malicieux, insolent, « facile à irriter, prompt à nuire et armé pour cet effet de « forces suffisantes » (4), parce que, dans cet état d'anarchie, la lutte des égoïsmes engendrerait un état de guerre contraire aux plus ardentes aspirations de sa nature. Dans cet état, la liberté et l'égalité sont absolues. Mais aussi « chacun n'a que « ses propres forces pour se défendre... ; personne ne saurait

(1) Id. *op. cit.* I, ch. II § 44 (Trad. supra cit. t. I, p. 24).

(2) Puffendorf, *Droit de la nat. et des gens*, L. II, ch. II. (Trad. Barbeyrac, 1740, t. I, p. 181 et s.) ; *Devoirs de l'h. et du cit.* L. II, ch. I (Trad. Barbeyrac, édit. 1822, t. II, p. 1 et s.).

(3) Puffendorf, *Droit de la nat.*, L. II, ch. III § 15. (Trad. supra cit. p. 237) ; *Devoirs de l'h. et du cit.* L. I ch. III, § 7. (Trad. supra cit. edit. 1822, t. I, p 147).

(4) V. les références citées à la note précédente.

« être assuré de jouir des fruits de son industrie... On ne trouve « dans l'état de nature que passions qui règnent en liberté, que « guerre, que craintes, que pauvreté, que solitude, qu'horreur, « que barbarie, qu'ignorance, que férocité » (1). Ainsi donc si l'homme veut subsister, sa nature physique lui commande d'entrer en relations avec ses semblables ; s'il veut goûter le plaisir que donnent « la raison, la paix, la sûreté, les richesses, l'or- « dre, la beauté, la douceur du commerce, la politesse, les « sciences, l'amitié » (2), c'est-à-dire subsister avec sa nature psychologique et morale, celle-ci lui commande de vivre en société. Quoiqu'il en soit de ces divergences, la nécessité *psychologique* de la société demeure pour Puffendorf aussi bien que pour Grotius, Cumberland, Wolff et Vattel le fait naturel *primordial* qui doit être le point de départ direct de tout le droit naturel.

VII. **Règle fondamentale du Droit naturel. L'altruisme et l'égoïsme.** Le droit naturel, nous l'avons dit, a une fin individualiste : la félicité terrestre ou même supra-terrestre de l'*individu*. Pour réaliser cette fin, prescrit-il à l'individu d'agir en vue de son propre intérêt immédiat, ou bien en vue de l'harmonie universelle, ou du bonheur de l'humanité ou plus simplement du bonheur de la société ? Le premier commandement du droit naturel est, suivant les Stoïciens, de vivre conformément à la nature universelle (3); suivant Saint Augustin (4), de ne pas faire aux autres hommes ce que nous ne voudrions pas que l'on fît à nous-mêmes ; suivant Hobbes, de chercher la paix d'où résulte pour chacun l'obligation de renoncer à son droit naturel, d'observer fidèlement les conventions, d'obéir aux lois établies (5). Suivant Locke, Puffendorf, Leibniz, Cumberland, le premier principe du droit naturel consiste dans le devoir de *sociabilité*. « Le principe fondamental de la loi naturelle, dit Locke, est

---

(1) Puffendorf, *Dr. de la nat.*, L II ch. II (Trad. supra cit. T. I, p. 181 et s.); *Devoirs de l'h. et du cit.*, L. II, ch. I. (Trad. supra cit., edit. 1822, t. II, p. 1 et s.)

(2) V. les références citées à la note précédente.

(3) V. les références indiquées *supra*, p. 11, n. 5.

(4) Saint Augustin, *Ad. Hilarium*, *Epist.* CLVII, 15 ; *In Psalmum LVII; In Psalmum CXVIII*, *Sermo XXVI* (*Œuvres*, édit. des Bénédictins de Saint-Maur, t. II, 1679, col. 548 F 549 ; Tome IV, 1681, col. 540 E et s. ; col. 1344 A).

(5) Hobbes, *De Cive*, *Libertas*, C. II § 1. (*Opera*, édit. 1668, p. 10 et s.); *Leviathan*, ch. XIV. (Edit. Waller, 1904, p. 87 et s.)

« la préservation de la société et (dans la mesure permise « par l'intérêt général) de chacun des individus qui la com« posent » (1). — Puffendorf déclare que « chacun doit être « porté à former et entretenir autant qu'il dépend de lui une « société paisible avec tous les autres conformément à la con« stitution et au but de tout le genre humain sans exception. « Et comme tout ce qui oblige à une certaine fin oblige en « même temps aux moyens sans lesquels on ne saurait l'obte« nir, il s'ensuit que tout ce qui contribue nécessairement à « cette sociabilité universelle doit être tenu pour prescrit par « le Droit naturel et que tout ce qui le trouble doit au contraire « être regardé défendu par ce même Droit » (2). — « Les autres « maximes ne sont toutes que des conséquences de cette loi « générale » (3). La formule de Leibniz est que le Droit naturel a pour objet « tout ce qu'il importe à autrui que nous fassions « et qui est en notre puissance » (4). Celle de Cumberland est que nous devons « avancer, autant qu'il est en notre pouvoir, « le bien commun de tout le système des agents raisonna« bles » (5). La doctrine des auteurs appartenant à l'école de la *sociabilité* est que l'individu n'existant et ne se développant intellectuellement et moralement que par la société, son intérêt *bien entendu ou médiat* se confond avec l'intérêt général, qu'en travaillant directement au bonheur de tous il travaille indirectement au sien propre et que cette voie détournée est la seule qui le conduise au but. Il convient de rapprocher d'eux le philosophe Hume. Sa morale nous prescrit à la fois au nom du sentiment l'*humanité* qui nous porte à rechercher le bonheur de tous les hommes et, au nom de la raison, la justice ; nous sommes ainsi incités, par la première indirectement et incon-

(1) Locke, *Of Civil Government*, L. II, ch. XI. (*Works* 2d edit., 1722, t. II, p. 195).

(2) Puffendorf, *Droit de la nat.*, L. II, ch. III, § 15 (Trad. Barbeyrac, 1740, t. I, p. 238) ; *Devoirs de l'h. et du cit.*, L. I, ch. III, § 8 (Trad. Barbeyrac, édit. 1822, t. I, p. 147-148.

(3) Puffendorf, *Dev. de l'h. et du cit.*, L. I, ch. III, § 8. (Trad. supra cit. t. I, p. 148).

(4) Leibniz, *Monita quœdam ad S. Puffend. princip.*, (*Leibnitii Opera*, édit. Dutens, t. IV, *Pars* III, p. 282).

(5) Cumberland, *Traité philos. des l. nat.*, Discours préliminaire. (Trad. Barbeyrac, 1757, p. 11).

sciemment, par la seconde directement et consciemment, à contribuer à l'utilité générale (1).

Heineccius rejette la règle de la sociabilité ou bienveillance pour lui substituer la loi de l'amour, de la charité. Au premier abord, celle-ci peut paraître ne pas différer beaucoup de celle-là. Elle s'en sépare cependant profondément par le principe sur lequel elle repose. La loi d'amour n'a pas son fondement comme le devoir de sociabilité dans la nécessité de la société. Elle dérive médiatement de la volonté de Dieu et immédiatement de ce fait que l'amour est le Souverain Bien. « Dieu, dit « Heineccius, étant un être d'une sagesse et d'une bonté infi- « nies, n'a pu vouloir pour les hommes qu'il a créés que le bon- « heur, un très grand bonheur.... Il en résulte que.... Dieu en « établissant les lois naturelles les a établies en vue des hommes « et dans le but de leur assurer la jouissance de la véritable « félicité.... Or la vraie félicité consiste dans la jouissance du « bien et dans l'absence du mal ; il en résulte qu'en établissant « la loi naturelle le Tout-Puissant s'est proposé de nous faire « jouir du vrai bien et de nous faire éviter le mal. Comme nous « ne pouvons jouir du vrai bien que par l'amour, nous en infé- « rons que Dieu nous oblige à l'amour et que l'amour constitue « le principe fondamental et en quelque sorte la synthèse du « droit naturel » (2). Cet amour comporte divers degrés. Au point de vue de l'importance des sacrifices auxquels il nous pousse, il y a, au bas de l'échelle, la simple sympathie qui nous porte à ne pas rendre quelqu'un malheureux où à ne pas augmenter son malheur ; de là naît la règle qui nous commande de ne léser personne, de donner à chacun le sien. A un degré plus élevé, il y a l'amour de l'humanité et de la bienfaisance qui nous suggère de faire pour quelqu'un plus que ce que nous lui devons strictement. Au point de vue de l'objet auquel s'applique le sentiment de l'amour, l'on distingue toujours en suivant une marche ascendante, l'amour d'un supérieur, l'amour d'un égal, l'amour d'un inférieur.

De la part de penseurs qui prétendaient dériver le droit

(1) Voir les références citées *supra*, p. 26, note 1.

(2) Heineccius, *Elem. jur. nat. et gent.* L. I, ch. III, § 77 et s. (Edit. Halle, 1768, p. 58 et s.)

naturel de la seule nature humaine, raisonnable ou sensible, n'était-il pas illogique d'imposer à l'individu, comme mobile de tous ses actes, la bienveillance, l'amour, ce que nous appelons aujourd'hui l'altruisme ? La plus élémentaire psychologie ne nous montre-t-elle pas que l'homme n'agit guère que sous l'impulsion de son intérêt individuel immédiat et que, suivant la remarque d'Aristote, comme le miel dilué dans beaucoup d'eau perd sa saveur, l'intérêt médiat, noyé dans l'intérêt collectif, étant à peine senti, constitue un bien faible stimulant sur lequel il est chimérique de compter pour faire mouvoir la machine sociale ? Cependant ce n'est qu'au XVIIIe siècle que certains auteurs osèrent mettre une règle égoïste à la base de leur système de morale sociale et présenter l'acte directement suggéré par l'intérêt individuel comme étant à la fois permis et commandé par le droit naturel. Une tendance encore timide en ce sens se remarque chez Wolff et chez Vattel. « Puisque la « loi naturelle, dit Wolff, oblige l'homme à se perfectionner « soi-même et à perfectionner son état et à détourner son « imperfection, la loi naturelle oblige les hommes à joindre « leurs forces pour se perfectionner eux-mêmes et perfectionner « leur état et chacun est obligé de contribuer à la perfection « d'un autre, autant qu'il le peut ; par conséquent *autant que « cela se peut faire sans manquer à son obligation envers soi- « même* et dans les choses où l'un a besoin du secours de l'autre « (parce qu'il n'est permis à personne de manquer à son obliga- « tion envers soi-même) et chacun doit omettre les actions « par lesquelles un autre ou l'état d'un autre serait rendu plus « imparfait » (1). Il est à noter qu'ici le devoir à l'égard des autres n'est qu'une conséquence du devoir à l'égard de soi-même et commandé seulement dans la mesure où il n'est pas en contradiction avec ce dernier. La formule de Vattel est à peu près la même : « Que chacun fasse pour les autres tout ce « dont ils ont besoin *et qu'il peut faire sans négliger ce qu'il se « doit à soi-même* » (2). Bien plus radicaux que ces auteurs

(1) Wolff, *Institut. du dr. de la nat.*, I, ch. II, § 44. (Trad. M***, avec notes de Elie Luzac, 1772, p. 24).

(2) Vattel, *Le droit des gens ou Princ. de la l. nat.*, Préliminaires, (Edit. Pradier-Fodéré, 1863, t. I, p. 90).

sont Bernard de Mandeville, l'auteur de la fameuse *Fable des Abeilles* (1) et Maxwell qui traduisit en anglais l'ouvrage de Cumberland paru en latin. Mandeville critique et raille sans cesse le principe de la sociabilité. Il est d'une grande naïveté, suivant lui, de penser que l'individu agisse jamais par bienveillance pour autrui : celui même qui de bonne foi s'imagine obéir à ce mobile désintéressé et faire acte de charité ou de dévouement est dupe de sa propre hypocrisie. L'homme n'est mû que par ses besoins, ses désirs, ses passions. « Tant que « ses désirs seront tranquilles et qu'il n'y aura quelque objet « considérable qui les excite, l'excellence de l'homme et sa « capacité demeureront cachées. Sans l'influence des passions « cette lourde machine est semblable à un vaste moulin dans « un moment de calme » (2). Dans leur infinie diversité, ces besoins, désirs, passions, appétits, se ramènent tous à l'instinct de la conservation, à l'amour de soi-même (3). « Que l'homme « soit dans l'état sauvage de simple nature ou entre les mains « des politiques, il est impossible tant qu'il restera homme « qu'il agisse jamais dans une autre fin que pour plaire « à soi-même » (4). C'est pour donner une plus complète

(1) La *Fable des Abeilles*, parue en 1705, sous le titre de *La Ruche murmurante ou les fripons devenus honnêtes gens* ne comprenait à l'origine que quatre cents vers envioron. Elle fut augmentée successivement de *Remarque sur la fable* et d'une *Recherche sur l'origine de la vertu morale* ajoutées à l'édition de 1714, d'un *Essai sur les écoles de charité* et d'une *Recherche sur l'origine de la Société* ajoutés à l'édition de 1723, enfin de *Dialogues* ajoutés à l'édition de 1729. Le tout a été traduit en français, sur la sixième édition (1729), avec trois autres pièces, [par J. Bertrand], sous le titre général *La Fable des Abeilles ou les Fripons devenus honnêtes gens*, 1740 et 1750. C'est de cette traduction, (édition de 1740) que sont extraites nos citations. Sur Mandeville, v. P. Sakmann, *B. de Mandeville und die Bienenfabel Controverse*, 1897; Hasbach, *Larochefoucauld und Mandeville* dans *Jahrb. f. Gesetzgeb. Werwalt. und Volkswirtsch.* de Schmoller 1890, p. 1; Saviosa, *La filosofia scientifica del diritto in Inghilterra*, 1897, p. 655-695; Leslie Stephen, *History of english thought in the* XVIIIth *century*, t. II, p. 33-45; quelques mots de M. Espinas dans *La troisième phase et la dissolution du Mercantilisme* (Extrait de la *Revue internationale de Sociologie*, 1902, p. 2); Schatz, Bernard de Mandeville, *Contribution à l'étude des orignes du libéralisme économique*, dans *Vierteljahrschrift für soc. und wirtschaftsgesch.* de Bauer, vol. I, p. 434 et s.

(2) Mandeville, *Fable des Abeilles*, Remarque Q. (Trad. Bertrand, 1740, t. I, p. 226).

(3) Mandeville, *Fable des Abeilles*, Remarque R. (Trad. cit. t. I, p. 250).

(4) Mandeville, *Recherches sur la société*, (Trad. cit. T. II, p. 180).

satisfaction à l'égoïsme que les sociétés ont été fondées (1) ; et c'est encore l'égoïsme, même dans ce qu'il a de plus bas, de plus vil, de plus vicieux, qui les maintient, assure leur prospérité, suscite leur progrès. « Ce qui dans l'état de nature rend « l'homme sociable n'est point le désir qu'il a d'être en com- « pagnie, ni le bon naturel, ni la pitié, ni l'affabilité, non plus « que les autres grâces qui accompagnent le bel extérieur de « l'homme. Ses qualités les plus viles, souvent même les plus « haïssables sont les plus nécessaires pour le rendre propre à « vivre avec le plus grand nombre. Ce sont elles qui, suivant « la constitution présente du monde, contribuent le plus au « bonheur et à la prospérité des sociétés » (2). Ce n'est cependant pas que les intérêts immédiats, les désirs, les appétits de chaque individu soient à l'unisson. « L'harmonie dans un con- « cert résulte d'une combinaison de sons qui sont directement « opposés ». De même, dans la ruche de la *Fable des Abeilles* « les membres de la société, en suivant des routes absolument « contraires, s'aidaient comme par dépit. La tempérance et la « sobriété des uns facilitait l'ivrognerie et la gloutonnerie des « autres. L'avarice, cette funeste racine de tous les maux, ce « vice dénaturé et diabolique, était esclave du noble défaut de « la prodigalité etc. » (3). Pour employer une autre comparaison, les intérêts individuels sont des forces dirigées en sens divers et dont la *résultante* agit dans le sens de l'intérêt général.

Du reste, l'on a trouvé d'ingénieux stratagèmes pour éviter l'effroyable guerre qui naîtrait de leur antagonisme, si rien n'arrêtait leur fureur. Les éducateurs enseignent à l'individu l'art d'envelopper l'âpreté de son égoïsme dans la douceur enchanteresse des belles manières, des protestations incessantes de sympathie, de dévouement, de respect etc., et sous le gant de velours des égoïstes bien élevés l'on sent à peine le contact de la main de fer (4). Les législateurs et les conduc-

---

(1) Mandeville, *Rech. sur la soc.* (Trad. cit. T. II p. 172-173 et 176).

(2) Mandeville, *Fable des Abeilles*, Préface, (Trad. cit. T. I, p. IX-X).

(3) Mandeville, *Fable des Abeilles*, (Trad. cit. T. I, p. 10-11).

(4) Mandeville, *Recherches sur l'origine de la vertu morale.* (Trad. cit. t. II, p. 14 et s.) ; *Dialogue* II (Trad. cit. T. III, p. 82 et s.)

teurs d'hommes (1), pour encourager les « belles actions » de ceux qui veulent faire croire qu'ils se sacrifient au bien général, se servent de l' « artificieux moyen de la flatterie » (2) ; ils s'adressent à l'orgueil des ambitieux ; ils leur promettent la plus douce et la moins coûteuse de toutes les récompenses : la gloire, « suprême félicité dont l'amour propre fait jouir celui, « qui, se rendant le doux témoignage d'avoir fait une belle « action, pense aux applaudissements des autres hommes » (3). Et l'on fait ainsi produire à la vanité les mêmes effets que produirait l'abnégation si elle existait. Tout l'art social se ramène à dresser le citoyen à l'hypocrisie, à tromper les autres et à se tromper lui-même sur le véritable mobile qui le fait agir.

Maxwell, dans les notes qui accompagnent sa traduction du livre de Cumberland, n'a pu donner de sa doctrine qu'une simple indication. Il se contente de déclarer qu'à son avis, « le « Bien particulier est la souveraine Loi. Car, dit-il, *en tout et « partout, ce qui est le plus avantageux à chacun en particulier « est le plus avantageux au public* » (4). La thèse de Mandeville et de Maxwell est celle que les Physiocrates devaient reprendre et appliquer, d'une manière plus spéciale, à la science économique.

Mais aussi, à soutenir que de la satisfaction de l'intérêt individuel naît tout ce qui est socialement bon et utile, ne risquait-on pas ou de ruiner la morale ou de mettre le progrès et la politique économique en contradiction avec elle ? On sait que cette antinomie fut indiquée par Bayle (5) et mise vigoureusement en relief par Mandeville. La *Fable des Abeilles*, comme

---

(1) Mandeville, *Recherches sur l'orig. de la vertu morale.* (Trad. cit. t. II, p. 4 et s.)

(2) *Ibid.* p. 4.

(3) *Ibid.* p. 19.

(4) Notes de Maxwell sur Cumberland reproduites par Barbeyrac dans sa traduction française : note 1 du ch. I, § 8 ; note 5 du ch. I. § 35 ; note 2 du ch. II, § 31. (*Les loix de la nat. expliquées par le Docteur Richard Cumberland, Traité philos. sur les l. nat.* trad. Barbeyrac, 1757, p. 47, 102 et 183).

(5) Bayle, *Nouvelles lettres critiques sur l'histoire du Calvinisme*, Lettre XVI, 9, (Edit. *Œuvres diverses*, La Haye, 1737, tome II, p. 278, colonne 2) ; *Pensées diverses*, § 136 ; *Continuation des pensées diverses*, § 124 (Même édit. T. III, Ie Partie, p. 87 col. 2 et 88 col. 1 ; p. 360 col. 2 et p. 361) ; *Réponse aux questions d'un provincial* (Même édit. T. III, IIe Partie, 973).

le dit Hasbach, est du commencement à la fin « un développe-
« ment de l'idée qu'il y a une contradiction insoluble entre les
« préceptes du christianisme ascétique et les exigences de la
« réalité...... Plus encore que Bayle, Mandeville relève que ce
» n'est pas dans la raison et dans une conduite morale, mais
« bien dans ce qui est irrationnel, dans l'énergie des appétits,
« dans ce qui est moralement laid, que se trouve la semence
« de toute culture..... Il nous dit que c'est en obéissant à
« l'instinct égoïste qui les pousse à jouir et à acquérir que les
« hommes sont excités à faire les plus grands efforts, mais le
« plus souvent sans le savoir et sans le vouloir... » (1). De même, suivant Rousseau, c'est du jour où l'homme fut « instruit par
« l'expérience que l'amour du bien-être est le seul mobile des
« actions humaines » (2), du jour où son intérêt individuel lui fit rechercher l'assistance de ses semblables, que naquirent l'agriculture, la métallurgie, tous les arts, toutes les sciences, tout ce que l'on appelle le progrès. Seulement, à ses yeux, et précisément parce qu'il est le produit de l'égoïsme, le progrès est mauvais et, en éloignant de plus en plus l'homme de la vertu, le pousse dans un abîme de maux de plus en plus profond.

Shaftesbury, Hutcheson, Hume, cherchant à échapper à l'étreinte du dilemme, s'efforcèrent de concilier les penchants égoïstes et les penchants sociaux que l'analyse psychologique révèle en nous. Ou plutôt ils se déchargèrent sur le *sens moral* interne du soin d'opérer cette conciliation. Et celle-ci n'est qu'apparente. Le sens moral, en effet, n'apprécie que l'acte bienveillant ; la joie que, par lui, nous éprouvons à sacrifier

(1) Hasbach, *Les fondements philosophiques de l'économie politique de Quesnay et de Smith*, dans la *Revue d'Econ. polit.* 1893, p. 779-780. — « Il n'y a que » des fous, dit Mandeville, qui puissent se flatter de jouir des agréments et des » convenances de la terre, d'être renommés dans la guerre, de vivre bien à son » aise et d'être en même temps vertueux... .. Le vice est aussi nécessaire dans un » Etat florissant que la faim est nécessaire pour nous obliger à manger. Il est » impossible que la vertu seule rende jamais une nation célèbre et glorieuse. » (Moralité de la *Fable des Abeilles*, trad. Bertrand, 1740, supra cit., t. I, p. 25 et p. 26. Cf. *Recherches sur la societé*, t. II, p. 141, p. 192 et s., etc.). Mandeville s'attaque principalement au sentimentalisme optimiste de Shaftesbury.

(2) Rousseau, *Discours sur l'orig. de l'inég.* (Edit. *Œuvres complètes*, Paris, Baudouin, 1826, p. 296).

notre interêt propre au profit d'autrui est plus profonde et plus durable que le plaisir que nous cause la satisfaction de notre égoïsme. C'est donc un arbitre partial et dans la transaction qu'il impose aux parties en litige tous les sacrifices sont pour les penchants égoïstes ; le domaine de ceux-ci est réduit à ce que veulent bien leur laisser les penchants sociaux (1).

De même, suivant l'éclectique Burlamaqui, trois principes généraux dominent toutes les lois naturelles : la religion naturelle, l'amour de soi-même, la sociabilité. « Les devoirs de « l'homme envers Dieu l'emportent toujours sur tous les « autres..... ; si ce que nous devons à nous-mêmes se trouve « en opposition avec ce que nous devons à la société en géné- « ral, la société doit avoir la préférence...... ; si toutes choses « d'ailleurs égales, il y a conflit entre un devoir de l'amour de « soi-même et un devoir de la sociabilité, l'amour de soi-même « doit prévaloir..... le soin de nous-mêmes doit l'emporter sur « le soin d'un autre...... ; si enfin l'opposition se trouve entre « deux devoirs de la sociabilité on doit préférer celui qui est « accompagné de la plus grande utilité comme étant le plus « important » (2).

Dans la conception de Montesquieu, la première des lois de la nature est celle qui porte l'homme vers un Créateur ; la seconde celle qui lui impose de se nourrir ; la troisième celle qui incite les individus à s'unir. Les hommes sentant leur faiblesse doivent d'abord se craindre et, par suite, se fuir ; mais ils ne doivent pas tarder à se rapprocher. En effet, c'est un plaisir même pour un animal d'être avec un autre animal de son espèce ; l'union des sexes, autre plaisir, est une autre cause de rapprochement (3).

Tels furent les principes directeurs du Droit naturel avant

(1) Shaftesbury, *Characteristicks*, *Treatise IV*, *An Inquiry concerning virtue and merit*, L. II, Part. II. (Edit. 1738, t. II, p. 99 et s.). Hume, *An Inquiry concerning the principles of morals*, Sect. II. (*Of Benevolence*) et Append. IV (*Of some verbal disputes*). (Edit. *The phil. works of D. Hume*, 1854, T. IV, p. 236 et s. ; 382 et s.).

(2) Burlamaqui, *Princ. du dr. de la nat.* IIme Partie, ch. IV, § 18. (Edit. de Felice revue par Dupin, 1820, t. I, p. 323 et s.).

(3) Montesquieu, *Esprit des Loix*, L. I, ch. II. (Edit. Amsterdam 1784, t. I, p. 7 et s.).

les Physiocrates. Son contenu était assez variable. Généralement il formait un ensemble de théories relatives à la morale individuelle, à la morale sociale, au droit privé (propriété, contrats, mariage, organisation de la famille) quelquefois aussi au droit pénal et au droit public interne ; beaucoup d'auteurs rattachèrent à lui tout le droit international public. Mais il ne renferma jamais, avant les Physiocrates, qu'un très petit nombre de doctrines économiques ; elles avaient trait presqu'exclusivement à la légitimité de la propriété individuelle, à la monnaie, à la valeur et, très rarement, à la liberté du commerce. Ce fut l'œuvre de Quesnay de faire sortir de la notion de droit naturel la science économique toute entière.

A. DUBOIS.

sionnés souvent pour le bien public et désintéressés, des états d'esprit, des nuances et des audaces de pensée que nous ne soupçonnons pas, qui nous étonneraient et qui nous expliqueraient bien des choses ; qui nous expliqueraient la genèse de théories, même de transformations sociales, résultats du labeur souterrain d'obscurs écrivains que la gloire n'a pas récompensés, qui même parfois ont travaillé pour la gloire d'autres doués de plus de talent mais non de plus d'originalité d'esprit.

Ce sont ces considérations qui nous ont amenés à créer la *Revue d'Histoire des Doctrines Économiques et Sociales*. Articles originaux, réimpression de textes et notamment de passages extraits d'œuvres qui, pour des raisons diverses, ne peuvent être intégralement reproduites en volumes indépendants ; publication de manuscrits inédits d'auteurs appartenant à l'histoire ; bibliographie et comptes-rendus bibliographiques de travaux rentrant dans le cadre de cette Revue, voilà approximativement quel sera le contenu de ce nouveau périodique.

Il accueillera les articles relatifs à *l'histoire* de tout ce qui est science économique, théorie de politique économique, doctrine d'art économico-social, et même ceux, *pourvu qu'ils aient un caractère nettement historique*, décrivant ou exposant, *en tant qu'elles révèlent ou commandent une certaine opinion économique*, des institutions économiques, politiques ou juridiques, ou des théories de morale religieuse ou de morale indépendante.

Il publiera dans leur langue originale les articles et les textes écrits en français, en anglais, en allemand et en italien.

Une importance considérable sera attribuée à la Bibliographie, qui comprendra des analyses critiques et des comptes-rendus des livres reçus.

A. Deschamps,
Professeur à la Faculté de Droit de l'Université de Paris.

A. Dubois.
Professeur à la Faculté de Droit de l'Université de Poitiers.

La Revue paraîtra par fascicules trimestriels de 100 pages.

Prix d'abonnement : *France* : **12** frs, *Etranger* : **14** fr.

Les auteurs ont droit à 20 tirages à part pour les articles ; à 10 pour les comptes rendus.

Adresser les manuscrits et tout ce qui concerne la rédaction à Monsieur *E. Depitre*, 67, Rue de Seine, Paris,

et les livres, revues, imprimés de toute sorte, ainsi que les abonnements, à M. *Paul Geuthner*, 68, Rue Mazarine, Paris, au nom de la *Revue d'Histoire des Doctrines Économiques et Sociales*,

---

www.ingramcontent.com/pod-product-compliance
Ingram Content Group UK Ltd.
Pitfield, Milton Keynes, MK11 3LW, UK
UKHW022149190726
13855UKWH00004B/1409

9 782013 278324